JN205508

法律家が教える
LGBTフレンドリーな職場づくりガイド

著
LGBTとアライのための法律家ネットワーク（LLAN）

編著
LGBTとアライのための
法律家ネットワーク　代表理事
藤田 直介

編著
Allies Connect 代表
東 由紀

従業員が安心して
実力を発揮できる
職場をつくるために

よくわかる
ステップバイ
ステップ

法研

はじめに

ＬＧＢＴをめぐる社会の状況は、ここ数年急激に変化しています。２０１２年7月、「週刊東洋経済」と「週刊ダイヤモンド」が同時にＬＧＢＴに関する特集を組みました。そして２０１５年8月、「日経ビジネス」は「究極のダイバーシティＬＧＢＴ―あなたの会社も無視できない」と題する特集を組み、企業がＬＧＢＴに正面から取り組まなければ強い批判を浴びかねないと警鐘を鳴らしました。

こうした流れの中、２０１７年5月、日本経済団体連合会は「ダイバーシティ・インクルージョン社会の実現に向けて」と題する報告書を公表しました。経済界として初めて、「見えないマイノリティ」であるとともに、企業としても取り組みが急務となっているＬＧＢＴの人々に関する対応に焦点を当て、各企業の取り組み状況を紹介するとともに、どのような対応が考えられるか提言しました。

行政レベルでは、先進的な自治体にとどまっていたＬＧＢＴ施策への取り組みも、２０１５年以降、お互いを人生のパートナーとして生活を共にする同性カップルの関係を自治体レベルで公認する同性パートナーシップ制度が、とくに２０１９年に入って急激な広がりをみせ、全国住民の約14・３％が暮らす26自治体（２０１９年10月8日現在。虹色ダイバーシティ調べ）で採用されるに至り、また、世田谷区、国立市等に続き東京都が、２０１８年10月、性的少数者に対する不当な差別を禁止する条例を制定しました。２０１８年７月には、全国20ある指定都市（政令で指定する人口50万以上の市）の指定都市市長会が内閣府に「性的少数者に関わる窓口の一元化及びパートナーシップ制度を含めた取組の強化」を、国レベルで行うことを要請しました。国政レベルでも、立憲民主党等が２０１８年に差別解消法案を、２０１９年には婚姻の平等法案を国会に提出、自民党もＬＧＢＴ理解のための取り組みを国・自治体・事業者に求める理解増進法案を、２０１９年秋にも提出すると報道されています。

企業に目を転じれば、ＬＧＢＴ施策に取り組む企業が増える中、２０１７年１月、企業が防止義務を負うセクシュアルハラスメントに、ＬＧＢＴ社員の意に反する性的な言動が含まれることが明記され、２０１９年５月に成立したいわゆるパワハラ防止法に基づき、ＬＧＢＴ社員に対するハラスメントの防止が今後義務づけられることになります（大企業については２０２０年４月、中小企業については２０２２年４月施行予定でそれまでは努力義務とされる予定です）。

さらに２０１８年９月、在日米国商工会議所は、多くの先進諸国で既に実現している同性間の婚姻が日本で実現していないことは、経済活動が今後ますます不可避的にグローバル化する中、企業の人事戦略・競争力に重要な影響があり、一刻も早い実現を、と提言し、提言に賛同する企業・団体は既に68に及んでいます（２０１９年11月18日現在）。

これらの動きは、いずれも顧客、社員、取引先、地域社会、株主等の企業のステークホルダー（利害関係者）や企業活動に大きな影響を及ぼすものです。内外企業が取り組みを進める中、ＬＧＢＴにかかる企業対応を疎《おろそ》かにすることは、社員・顧客等とのトラブル・紛争など、企業経営の大きなリスク要因となるばかりか、経営戦略の観点からも、優秀な人材の採用や退社防止、企業ブランドの向上（あるいは信用の低下）など、競合上不利となるおそれがあります。ＬＧＢＴ施策への取り組みを怠ることは、今後の企業経営に、大きなマイナスの影響を及ぼしかねません。

私ども「ＬＧＢＴとアライのための法律家ネットワーク」（ＬＬＡＮ）は、すべての個人がその性的指向・性自認に関わらず等しく尊重され、安心してその能力を職場で、そして社会でフルに発揮して活躍することのできる、平等かつインクルーシブな社会の実現を願って、２０１６年2月、内外の企業法務に携わる法律事務所・企業法務部の有志を中心として発足した団体です。実務法律家としての経験と知識を活かし、研修・イベントの開催を通じて性的マイノリティに関する理解そして対話を促進し、また、法令調査や提言を通じて、性的指向や性自認を理由とする差別を解消するための法的支援を行う活動に取り組んでいます。

幸いに数多くの企業とご縁をいただき、現在まで延べ２０００名を超える社員の方々に、多くの場合、初めてのＬＧＢＴ研修を行う機会を頂戴しました。共同代表である藤田自身、２０１５年5月、部下が職場でカミングアウトをしたことがきっかけとなり、部下と活動に取り組む中、本人の意欲・生産性の向上、そしてより広く周囲の、そして自分自身について、確かなかつプラスの変化を感じました。

私どもが活動を通じて気づいたことが四つあります。第一に、ＬＧＢＴ当事者に対する（意識・無意識の）偏見・差別や多くの社会的障壁が確かに存在し、職場、学校、社会で、ときには命をおびやかされるような困難や不平等に直面していること。第二に、そのような実態にもかかわらず、偏見・差別が周囲には容易に見えないため、理解・共感が得られず、そのため企業・行政等における施策への取り組みがなかなか進まないこと。第三に、研修等を実施することにより、管理職・中堅社員、若手社員等職位や世代に関わらず必ず気づきを得ていただけること。第四に、取り組みを行ううえで必要となる経営陣・担当役員の承認をはじめとして、だれ（どの部署）が、何を、どのようにして、具体的にどのような順番でＬＧＢＴ施策を進めたらよいのか、取り組みを進めようとしたときに、気軽に手にとって参照できるわかりやすい情報が必ずしも容易に入手できないため、ＬＧＢＴ施策への着手に躊躇したり、また取り組みを始めてもとん挫する場合があることです。

本書は、ＬＧＢＴ施策に取り組むべきか否か検討している管理職、経営陣に検討を命じられてどこから手をつけたらよいのか、また、どのような施策をどのような順序で導入すればよいのか悩んでいる人事・総務等の担当者、ＬＧＢＴに関する対応が不適切であったためクレームやトラブルに直面した総務・法務の担当者、そんな方々に気軽に手にとって参照いただける書籍を心がけました。

施策推進部署は多くの場合、人事部であることから、現場での悩み、また人事の視点をしっかり踏まえた実用的な書籍とするため、ＬＧＢＴ施策の人事実務を現場で長年推進してきた第一人者、Allies Connect代表の東由紀氏を共同編著者に迎え、ＬＧＢＴ施策に取り組んでいる先行企業の人事担当者の皆さまにもご参画いただいて、その知恵と経験を織り込むこともできました。今後よりよく皆さまのニーズに応えることのできる実用的な書籍とするため、ぜひ読者の皆さまのフィードバックを頂戴できればと思います(info@llanjapan.org)。

オフィス２０１の柳井氏には専門的になりがちな、私どもの原稿を読者にわかりやすくするため、根気よく編集いただきました。また、何よりも法研・市田氏の熱い思いがなければ、本書が実現することはありませんでした。お二人に著者一同心から御礼申し上げます。

ＬＧＢＴとアライのための法律家ネットワーク共同代表
藤田直介

本書ではセクシュアル・マイノリティの総称として、
「ＬＧＢＴ」という表記を使用しています（↓205頁「用語解説」参照）

また、ＬＧＢＴなど性的マイノリティについて理解・共感し、
その直面する困難や課題の解消に
ともに取り組む仲間を「アライ」と表しています。

目次

第1章 なぜLGBT施策が必要なのか

第2章　LGBT施策構築のポイント

第3章 テーマ別に考える「具体的な対応」

当事者からのメッセージ

人事ライフサイクル別に考える適切な対応…162

募集・採用

異動

雇用の終了

ハラスメント対応のポイントは？…176

顧客・取引先対応のポイント…186

装丁・本文デザイン：澤田 かおり（トシキ・ファーブル）
編集協力：柳井亜紀（オフィス201）

第1章

なぜLGBT施策が必要なのか

LGBTをめぐる社会状況は、大きく変わってきています。
企業経営においても、LGBTへの適切な対応が求められています。
当事者・アライの活動や、LGBTに関する自治体や国の取り組み、
さらには国際的な動向にも目を向けながら、
なぜ今、企業がLGBT施策に取り組む必要があるのか、
本章でじっくり考えていきましょう。

すべての企業にLGBT施策が必要な理由がある

「わが社には不要」ともはや言えない

今や、企業経営においてLGBTに無関心でいたり、対応をおろそかにすることは、大きなリスク要因となります。一方、LGBT施策を適切かつ積極的に進めることにより、優秀な人材の採用・維持、商圏の拡大、自社ブランドに対する社会的な認知、さらに内外のステークホルダーからの評価の向上など、戦略的な観点から大きなメリットが得られます。

そうはいってもこれは一部の大企業や外資系企業の問題であって、わが社にはLGBT社員はいないから無関係、仮にいたとしても、実際に問題は発生していないから必要がないと思われるかもしれません。本当にそうでしょうか?

ここ数年、LGBTと職場に関する重要な調査がいくつか公表されています。これらのデータを通じて取り組みの必要性について検証してみたいと思います。

本当に「わが社にLGBT当事者はいない」のか？

「当社にＬＧＢＴ当事者はいないから特別な対応など必要ない」。ＬＧＢＴ施策に消極的な理由としてときどき聞く声です。しかし本当にそうでしょうか？　ここ数年多くのＬＧＢＴに関する調査が行われており、ＬＧＢＴ当事者の数・割合に関する調査結果が公表されています。

大阪市が実施した「大阪市民の働き方と暮らしの多様性と共生に関するアンケート」[＊1]によれば、ＬＧＢＴ当事者の割合は３・３％、「決めたくない、決めていない」と答えた人を足すと８・２％です（速報値）。日本労働組合総連合会（連合）が実施した「ＬＧＢＴに関する職場の意識調査」[＊2]の数値は８・０％、電通ダイバーシティ・ラボ（ＤＤＬ）の「ＬＧＢＴ調査２０１８」[＊3]では８・９％にのぼります。

ＤＤＬは２０１２年、２０１５年にも同様の調査を実施、注目すべきことにＬＧＢＴ層該当者の割合が、５・２％、７・６％、８・２％と、回を追うごとに増加しています。米国のギャラップ調査[＊4]でも、２０１２年以降、ＬＧＢＴを自認する層の割合が、年々０・１から０・２ポイント増加、２０１７年には４・５％と２０１６年の４・１％から０・４ポイント増加しています。ＬＧＢＴ当事者の割合について、米国でもＤＤＬの調査と同様の増加傾向がみられるわけです。

＊1　2019年4月速報公表（220頁参照）　＊2　2016年8月公表（220頁参照）
＊3　2019年1月公表（220頁参照）
＊4　ギャラップ（Gallup）は、G.H.Gallupが設立したアメリカ世論調査研究所を前身とする民間の世論調査会社。ギャラップによる世論調査は「ギャラップ調査」といわれ、高い信頼性があるとされる（220頁参照）

LGBTに関する基礎データ①　LGBT当事者の割合

大阪市の調査

LGBT当事者　3.3%
ゲイ・レズビアン・バイセクシュアル・トランスジェンダー・アセクシュアルに当てはまる

＋

性的指向を決めたくない・決めていない

⇒ 8.2%

（「大阪市民の働き方と暮らしの多様性と共生にかんするアンケート」速報値による）

連合による調査

LGBT当事者
ゲイ・レズビアン・バイセクシュアル … 3.1%
トランスジェンダー … 1.8%
アセクシュアル … 2.6%
その他 … 0.5%

⇒ 8.0%

（連合調べ「LGBT に関する職場の意識調査」による）

電通ダイバーシティ・ラボ(DDL)による調査

LGBT層
ストレート（異性愛者であり、生まれた時に割り当てられた性と性自認が一致する人）以外

⇒ 8.9%

（電通ダイバーシティ・ラボ「LGBT 調査 2018」による）

こうした数値上の変化は、ＬＧＢＴ当事者の絶対数が増加したというより、自己のセクシュアリティについて回答することへの躊躇《ちゅうちょ》・ためらいについての心理的障壁が、社会環境の変化等を通じて一定程度、緩和していることが背景にあるとも考えられます。そうだとすると、今後の調査でＬＧＢＴ層の割合が増加していく可能性もあります。

個々の調査に基づく割合を、そのまま日本全体、また企業のＬＧＢＴ当事者の割合として一般化することはできません。しかしながら、これらの調査、そして国・自治体の取り組み、内外の社会の変化を踏まえたとき、職場環境の構築にあたって、「わが社には

LGBT社員はいない」ということを理由として取り組みの可否を決定することには大きなリスクを伴います。

本当に「LGBT社員に対するハラスメントなど存在しない」のか？

「仮に百歩譲ってLGBT当事者がいるとしても、わが社では差別やハラスメントなど行われていないから、特別な対応など必要ない」。果たしてそうでしょうか？

いくつか参考となる調査結果があります。連合の「LGBTに関する職場の意識調査」によれば、職場におけるLGBT関連のハラスメントを受けたり、見聞きした人は全体の22・9％、また職場におけるLGBT関連の差別的な取扱い（解雇・降格・配置変更など）を受けたり、見聞きした人は全体の11・4％にのぼります。

この調査で注目すべきは次の二点です。

第一に、この見聞きした人の割合は、管理職になると、ハラスメントについては35・1％、差別的な取扱いについては21・1％と、それぞれ増加することです。一般社員全体の認識より管理職の認知率が高いのは、ハラスメント・差別について実際に報告を受けていることが背景にあると考えられます。

第二に、LGBT当事者が「身近にいる人」と「身近にいない人」との間で、認知率に顕著な差異があります。LGBT当事者が「身近にいる人」では57・4％の人がハラスメ

LGBTに関する基礎データ②　職場におけるハラスメント・差別について

		LGBT関連のハラスメントを受けた・見聞きした人の割合	LGBT関連の差別的な取扱い（解雇・降格・配置変更など）を受けた・見聞きした人の割合
全体		22.9%	11.4%
役職	一般社員・一般職員	21.8%	10.2%
	管理職	35.1%	21.1%
身近さ	身近にLGBT当事者がいる	57.4%	36.3%
	身近にLGBT当事者がいない	14.8%	5.6%

（連合調べ「LGBTに関する職場の意識調査」より作図）

ントを見たり聞いたりしていると回答しているのに対し、「身近にいない人」ではその割合は14・8%と大きく下がります。LGBT社員に対する差別的な取扱いについては、それぞれの割合は36・3%と5・6%となります。これは社員が100名いた場合、身近に当事者がいれば57名はハラスメントがあると感じるはずなのに、身近に当事者はいないという人ばかりなら、実際に気づく一般社員は15名、差別については、36名の社員は差別があると感じているはずなのに、実際に気づく一般社員はわずか6名しかいないということになります。

ＬＧＢＴ当事者は、その性的指向・性自認に対する無理解、また偏見・差別に対する恐れから、職場においてそのことを秘し、また知られることを極度に警戒し、懸念しています。このことと以上の調査結果をあわせて考えれば、企業は、ＬＧＢＴ当事者が現実に存在し、かつ、ＬＧＢＴ当事者に対するハラスメント・差別が知らないうちに起きている可能性があることを前提に、適切な配慮と制度を構築することが求められているといえます。

「LGBT施策など本当に効果はあるのか？」

「ＬＧＢＴ施策を導入・推進しても、だれもカミングアウトしないし、本当に効果があるのか？」という疑問もあるでしょう。ですが、そもそもカミングアウトを施策効果の目標に設定すること自体、適切ではありません。カミングアウトをする・しないは本人が選択、そのうえで、カミングアウトをしたい社員は安心してカミングアウトができる職場環境を構築することを目標とすべきです。

ただ、そうはいっても目に見える成果がないと、企業としては施策の導入・推進に踏み切れないという声が聞こえてきそうです。この点については、先に挙げた電通ダイバーシティ・ラボ（ＤＤＬ）による「ＬＧＢＴ調査２０１８」のほか、ＮＰＯ法人虹色ダイバーシティと国際基督教大学ジェンダー研究センターの共同調査「niji VOICE ２０１８（虹ボイス）」[*]が参考になります。

まず、職場におけるＬＧＢＴ施策の有無に関するデータをみてみましょう。「ＬＧＢＴ調査２０１８」によると、性の多様性に関して何らかのサポート制度があるとの回答は16・3％にとどまり、「ない」または「わからない」との回答は83・7％にのぼります。「niji VOICE ２０１８」の結果もほぼ同様で、職場のＬＧＢＴ施策について「とくに何の対応もない」という回答が70％以上となっています。

同調査によるとＬＧＢＴ施策の有無・数については企業規模（大企業・中小企業・小企業）で差異が認められ、「まったくない」の割合が、大企業53・4％、中小企業79・5％、小企業81・9％となっています。一方、何らかの施策を導入している企業の割合は、大企業46・6％、中小企業20・6％、小企業18・1％となっています。企業の取り組みが、とくに中小企業において、進んでいない現状が明らかになっています。

なお、導入を希望するＬＧＢＴ施策としては、過半数が「福利厚生での同性パートナーの配偶者扱い」、「差別禁止の明文化」、「トランスジェンダーの従業員へのサポート」、「職場での性的マイノリティに関する研修、ｅラーニング」をあげています。

次に施策の効果についてみてみます。まず、ＤＤＬの「ＬＧＢＴ調査２０１８」によれば、ＬＧＢＴをサポートする企業で働きたいと思うかという設問に対しては、ＬＧＢＴ層の74・6％、ストレート層の64・0％が働きたいと回答、またそのような企業の商品・サ

＊ http://nijiirodiversity.jp/nijivoice2018/

LGBTに関する基礎データ③　LGBT施策と職場環境

職場でのLGBT施策の実施数	多い（5〜11）	⇔	なし（0）
●心理的安全性が高いと感じている人の割合	80.3%	⇔	44.2%
●LGBTもいきいき働けると思う人の割合	82.0%	⇔	22.6%
●上司に相談しやすいと感じている人の割合	63.6%	⇔	14.5%
●同僚・部下に相談しやすいと感じている人の割合	54.2%	⇔	15.0%
●メンタルヘルスの状況が良好な人の割合	61.7%	⇔	29.9%

（©特定非営利活動法人 虹色ダイバーシティ、国際基督教大学ジェンダー研究センター 2018による）

ービスを積極的に利用するかという設問に対しても、ＬＧＢＴ層の65・0％、ストレート層の54・1％が肯定的に回答しており、ストレート層の回答は3年前の調査からいずれもアップしています。

また「niji VOICE 2018」が、企業のＬＧＢＴ施策の数と職場における「心理的安全性[*1]」、「働きやすさ」、「相談しやすさ」、「メンタルヘルス」各項目との相関関係を調査しています。なおメンタルヘルスについては、一般住民を対象とした精神的な問題の程度を表す指標として広く利用されているＫ6[*2]で、4点以下を基準としています。詳細は調査結果を参照いただければ

＊1 チームのメンバー一人ひとりが自分らしくあることに不安を感じることなく、安心して発言し、行動できる状態のこと
＊2 アメリカのKesslerらによって開発された精神疾患のスクリーニングテスト。点数が高いほど、メンタルヘルス上の問題が多いとされる

と思いますが、企業のＬＧＢＴ施策数が多いほど正の相関関係があることが示されています。このような調査手法を参考として、施策開始前後で、また定期的に社内調査・アンケートを実施・分析することを通じて、施策の効果を測定することは十分に可能です。その他、ＬＧＢＴ施策の効果を測定する方法については、第2章ポイント⑧「ＬＧＢＴ施策の成果を測る」（108頁）でご紹介しています。ぜひご参照ください。

以上のとおり、企業において施策に取り組む必要性を裏付ける確かな調査結果があり、今後もこのような調査結果や研究は増えていくものと思われます。そうはいっても現在の社会状況に照らしてＬＧＢＴ施策への取り組みはまだまだ時期尚早で、日経ビジネスの特集（2頁参照）がいうほど「急務」とはいえないのではないかという声もありそうです。しかしながら日経ビジネスの特集からすでに4年が経過し、冒頭（「はじめに」）で述べたとおり、国レベル、行政レベル、経済界でも、ＬＧＢＴに関する取り組みは大きく進展しています。また、職場におけるＬＧＢＴへのハラスメント対策を義務づける法律が制定され、さらにさまざまな裁判・紛争や事件も発生し、広く報道されるようになっています。このような社会の変化を適切に把握し、適時に対応していくことを怠れば、企業として大きなリスクをかかえることになりかねません。以下、本章ではＬＧＢＴをめぐる社会の変化をより詳細にご紹介します。

声をあげる当事者・アライ

急速な広まりをみせる当事者・アライの活動

日本社会では、未だＬＧＢＴに対する理解が十分に進んでいるとはいえず、ＬＧＢＴに対する差別、偏見が根強く残っている現状があります。そのような状況を変えるため、当事者そしてアライ*が、さまざまな活動に取り組んでいます。

とくにここ数年、こうした当事者やアライによる活動は急速な広まりをみせており、「ＬＧＢＴ」という言葉も頻繁に耳にするようになりました。当事者やアライの存在は、社会において大きな影響力をもつようになっています。このような流れの中、ＬＧＢＴに対する理解・配慮を欠いた発言等が、大きな問題へと発展したケースも少なくありません（30頁参照）。

現在においては、どのような企業においても、ＬＧＢＴへの配慮という視点を欠いてしまえば、たちまち世間からの厳しい批判にさらされる可能性があります。もはやＬＧＢＴの問題は、「関心がなかった」「知らなかった」では済まされない問題となりつつあります。ここでは、当事者そしてアライが、ＬＧＢＴに対する社会の理解のなさや、無配慮に

＊ 理解者、支援者、同盟と訳される。LGBTなど性的マイノリティについて理解・共感し、その直面する困難や課題の解消にともに取り組む仲間をいう（92頁参照）

対して、声をあげてきた活動の一部を紹介していきます。

日本最大級のLGBTのイベント　東京レインボープライド

東京レインボープライド*は、ＬＧＢＴをはじめ、性的マイノリティが、差別や偏見にさらされることなく、より自分らしく、前向きに生きていける社会の実現を目指すために開催されているイベントです。例年、パレードや、プライドフェスティバル、プライドウィーク等の関連イベントが開催され、大きな盛り上がりを見せています。過去には、中島美嘉や浜崎あゆみ、m-floなどがステージを披露する等、著名人の参加も多く、２０１９年の東京レインボープライドでは、合計約20万人を動員する等、日本最大級のＬＧＢＴのイベントとなっています。

多様性を尊重する社会を目指すというこのイベントの趣旨は、国内外を問わず、多くの企業に受け入れられ、近年では、一般企業の参加が積極的に進んでいます。

２０１９年の東京レインボープライドでは、たとえばGoogle、Facebookといった海外企業だけではなく、野村ホールディングス株式会社、株式会社丸井グループ、楽天株式会社等の日系の大企業も数多くブースを出展しました。また、パレードに参加する企業も年々増加し、２０１９年は52組の企業・団体が参加。１万人を超える参加者がパレードを行進しました。東京レインボープライドは、メディアからの注目度も高く、今後もより多

＊「東京レインボープライド」https://tokyorainbowpride.com/

くの民間企業の参加が見込まれます。東京レインボープライドへの参加は、企業が自社のＬＧＢＴを内外に発信し、啓発活動に取り組むうえで、たいへん有効な手段と考えられます（114頁参照）。

日本でもみられる司法救済の動き

ＬＧＢＴの当事者、アライたちは、時として、不当な差別や権利侵害と戦うため、司法による救済を求めてきました。アメリカでは、２０１５年、連邦最高裁判所が同性間の婚姻を認める判断をし、世界のＬＧＢＴに大きな希望を与えたことが記憶に新しいですが、日本の裁判所においても、ＬＧＢＴにかかる権利が争われた裁判は決して少なくありません。そして、注目すべきことに、日本の裁判所においても、ＬＧＢＴに対する一定の配慮を求める判断を下した事例が多く存在しています。

なかでも著名な事件として、「府中青年の家事件」

があげられます。この事案は、１９９０年、ＬＧＢＴ団体が、東京都の青年の家を利用しようとしたところ、「複数の同性愛者を同室で宿泊させた場合、性的行為に及ぶ可能性があり、重大な混乱や摩擦を招き、青少年の性意識に多大な悪影響を及ぼす」等といった理由で、その利用申込みが不承認とされたことに始まります。当該ＬＧＢＴ団体は、このような理由に基づく不承認は、正当な理由のない、違法なものであるとして、東京都教育委員会の行為の違法性を争い、東京地裁に訴訟を提起しました。

裁判は控訴審まで続きましたが、控訴審となった東京高等裁判所は、「行政当局としては…（中略）…少数者である同性愛者も視野に入れた、肌理《きめ》の細やかな配慮が必要であり、同性愛者の権利、利益を十分に擁護することが要請されているものというべきであって、無関心であったり知識がないということは…（中略）…許されない」等と述べ、東京都の行為を違法なものと認めました。控訴審判決が出るまで7年近く経過していましたが、ＬＧＢＴに対する配慮を求める画期的な判決でした。

このほかにも、ＬＧＢＴの権利に関して、裁判所において司法の救済が求められた事案は多くあります。詳しくは、巻末に資料としてまとめていますが、たとえば、企業における配転命令等の場面でＬＧＢＴへの差別が問題となった事例（Ｓ社性同一性障害者解雇無効事件）や、性同一性障害者の性別の取扱いの特例に関する法律に基づく性別変更の要件について争われた事例等、多岐にわたっています（214頁「ＬＧＢＴをめぐる裁判例」参照）。

「同性婚」をめぐる動向

同性間の婚姻、いわゆる同性婚についても、大きな動きが見られます。２０１９年2月14日、同性婚が認められないのは、憲法に違反する等として、計13組の同性カップルが、国に対して、東京地裁、大阪地裁、名古屋地裁、札幌地裁それぞれにおいて訴訟を提起しました。２０１９年9月５日には福岡地裁においても同様に訴訟が提起されています。民法や戸籍法が同性婚を認めていないことの違憲性を正面から問う国内で初めての訴訟とみられています。

また、この訴訟提起に先立つ２０１５年7月7日、455名の当事者が日本弁護士連合会に対し同性カップル間の婚姻が認められていないことは憲法に違反するとして人権救済の申立てを行いました。この申立てを受けて日本弁護士連合会は２０１９年7月18日付で、「我が国においては法制上、同性間の婚姻（同性婚）が認められていない。そのため、性的指向が同性に向く人々は、互いに配偶者と認められないことによる各種の不利益を被っている。これは、性的指向が同性に向く人々の婚姻の自由を侵害し、法の下の平等に違反するものであり、憲法13条、14条に照らし重大な人権侵害と言うべきである。したがって、国は、同性婚を認め、これに関連する法令の改正を速やかに行うべきである。」として、「同性の当事者による婚姻に関する意見書」を取りまとめ、7月24日付けで法務大臣、内閣総理大臣、衆議院議長および参議院議長宛てに提出しました。日本弁護士連合会は全国すべての弁護士会、弁護士、弁護士法人が加入する弁護士法上の団体で、その意見は重みをもちます。２０１９年現在、裁判は初期的な段階にありますが、ＬＧＢＴに関する社会の受け入れ方も大きく変容している中、裁判所がどのような判断を下し、司法の動向が社会にどのような影響を与えていくのか、今後の動向が注視されます。

テレビ局、出版社に殺到した抗議・批判

ＬＧＢＴについての認識が日本の社会にも広がりを見せている一方、影響力が大きいテレビ局において、ＬＧＢＴに対する配慮を欠いた番組が放映され、視聴者からの批判が相次ぎ、テレビ局による謝罪につながったケースがしばしば発生しています。

たとえば、２０１７年９月、フジテレビの人気番組にて、石橋貴明氏が扮するキャラクター「保毛尾田保毛男（ほもおだ　ほもお）」が、派手なメイクに、同性愛をネタにした内容のものであったことから、性的マイノリティを揶揄《やゆ》するものであるとして、ＬＧＢＴの関連団体等から、批判が相次ぐこととなりました。その後、フジテレビは正式に、同社のホームページ上に謝罪文を掲載する事態となりました。

また、２０１９年５月には、読売テレビのニュース番組において、外見から性別が一見してわからない一般の方に対して、胸に触る、保険証を提示させるなどして、性別を確認

する内容の企画が放送され、視聴者からの厳しい批判が多数寄せられる事態となりました。同番組は、後日、プライバシー、人権への配慮を著しく欠いた不適切な取材・放送であったとして、番組内で謝罪をしたうえ、検証結果を公表することになりました。

活字メディアでは、自民党の杉田水脈衆議院議員の発言が、ＬＧＢＴに対する差別的な発言であるとして、大きな議論を呼びました。杉田水脈議員は、月刊誌「新潮45（２０１８年8月号）」誌上で、「（ＬＧＢＴのカップルには）『生産性』がないのです」等と、ＬＧＢＴに対する差別的な文章を寄稿しました。そのことをきっかけとして、杉田議員に対して、きわめて強い批判が殺到することとなり、杉田議員の議員辞職を求めるデモに約５０００人が参加し、首相もコメントをする等、一大騒動へと発展しました。杉田議員の論考を掲載した新潮45は、最終的には休刊することを発表しました。

ＬＧＢＴの問題に深く向き合い、理解する人々が増えている一方で、関心をもたない、理解が十分でない人もまだまだ多いのが現状です。しかし、発言した本人が「知らなかった」「差別の意図はなかった」としても、大きな問題につながる可能性があることは数々の事例からも明らかです。だれかを傷つけることはないか、偏見や差別が隠れていないか、少数者の視点をもって考える姿勢がますます重要となってきていますし、かかる視点を欠くことは、企業経営上大きなリスクを伴うことになります。

多くの企業が取り組み始めている

国内企業による取り組み work with Pride（ｗｗＰ）とは？

先見の明のある経営者、熱心な人事・総務担当者の存在、現場でのトラブル発生、２０２０年のオリンピック開催、国際的な動向などきっかけはさまざまですが、多くの企業において、ＬＧＢＴ社員支援の取り組みが始まっています。

かかる取り組みの推進役のひとつとなっているのが、work with Pride（ｗｗＰ）です。ｗｗＰは、企業などの団体において、ＬＧＢＴなどの性的マイノリティに関するダイバーシティ・マネジメントの促進と定着を支援する任意団体で、２０１２年に日本アイ・ビー・エム株式会社が、国際ＮＧＯヒューマン・ライツ・ウォッチと共同で日本でのＬＧＢＴ社員支援に関するセミナーを企画したことから始まりました。後に、ＬＧＢＴ当事者が中心になって活動している認定特定非営利活動法人グッド・エイジング・エールズと特定非営利活動法人虹色ダイバーシティ（虹色ダイバーシティ）が加わりました。

ｗｗＰの目的は、日本の企業内でＬＧＢＴの人々が自分らしく働ける職場づくりを進めるための情報を提供し、各企業が積極的に取り組むきっかけを提供することです。この目的を達成するため、ｗｗＰでは年一回、企業の人事・人権・ダイバーシティ担当者を主な対象に、ＬＧＢＴに関するセミナーを開催しています。

そして、問題のさらなる認知と制度の定着を目指し、企業・団体有志が、海外で実施されている企業等のＬＧＢＴ施策を評価する指標の検討を重ね、２０１６年、日本においてかかる取り組みを評価する初の指標として「ＰＲＩＤＥ《プライド》指標」が策定されました。

同時に、この指標にしたがい、企業の取り組みを３ランクに評価し、表彰する制度も設けられました。指標策定と同年に開始された第１回目のＰＲＩＤＥ指標の募集・表彰制度には82の、第2回目となる翌年には110の、そして、第３回目となる２０１８年には153もの企業等からの応募がありました。最高ランクのゴールドを受賞した企業数は、第１回目が53社、第3回目には130社にのぼっています。* 応募企業数の着実な増加や、ゴールド受賞数の増加は、ＬＧＢＴ施策に対する関心の高まりと取り組みの進展を如実に物語っています。

企業がＬＧＢＴ施策を検討するにあたり、まずはｗｗＰのセミナーに参加し、企業による取り組みの現状を理解し、他社交流を通じて他社の取り組みと自社の取り組みをベンチマークすることはたいへん有効です。そのうえでＰＲＩＤＥ指標などを参考に制度構築を進めることによってＬＧＢＴ施策をステップ・バイ・ステップで推進することができます。

ＰＲＩＤＥ指標については第2章「取り組みを評価する指標への応募」（116頁参照）のほか、第3章において、企業が具体的にＬＧＢＴ施策を進めるにあたってＰＲＩＤＥ指標へ

＊「PRIDE指標2018レポート」http://workwithpride.jp/wp/wp-content/uploads/2019/02/55e32933f03c08a1742490c57e8e437a.pdf

PRIDE指標を構成する五つの指標

PRIDE指標は、LGBTに関して企業などの団体が実施できる取り組みを五つに大きく分類し、五つの評価指標としている。各評価指数ごとに設けられた評価項目の達成度が点数化され、五つの指標の総合点に応じて、ゴールド、シルバー、ブロンズの3段階に評価されている。

の取り組みが有効な対応となることを例示していますので、ご参照ください。

経団連・経済同友会もLGBT施策取り組みの重要性を認識している

一般社団法人日本経済団体連合会（経団連）は、2017年5月、ダイバーシティ・インクルージョン社会の実現が、日本の持続的な経済成長を通じてGDP600兆円経済を実現するために不可欠であるとする提言をリリースしています。*

そして、その提言は、女性の活躍推進などに加え、LGBTに関する適切な理解・適切な知識の共有を促すとともに、存在の認識・認容に向けた取り組みを推進することをダイバーシティ・インクルージョン社会を実現するうえで重要なファクターの一つであると位置づけています。

また、公益社団法人経済同友会は、2018年4月、世界と比して低い生産性の向上が日本の課題であり、企業における人材の多様性を進展させることでイノベーションの創出、付加価値の上昇につなげていくべきとして、LGBTに対応する施策に関する調査も含めたアンケート調査結果を発表しています。

国連が企業行動基準を発表。社会に向けた啓発活動が求められている

世界的な動きもみておきましょう。国際連合（国連）は、2000年に企業の持続可能

＊「ダイバーシティ・インクルージョン社会の実現に向けて」 http://www.keidanren.or.jp/policy/2017/039.html

企業のための行動基準

1 人権を尊重する

2 差別をなくす

3 支援を提供する

4 他の人権侵害を防止する

5 社会で行動を起こす

「LGBTIの人々に対する差別への取り組み——企業のための行動基準」（OHCHR）による「国連企業行動基準」参照

性に関する国連グローバル・コンパクトを立ち上げ、２０１１年にはあらゆる企業に人権を尊重する責任があることを確認しています。

また、企業には、多様性を育み、敬意や平等を重んじる文化を促進する重要な機会があることに着目し、２０１７年、国連の人権高等弁務官事務所（ＯＨＣＨＲ）は、「ＬＧＢＴＩの人々に対する差別への取り組み——企業のための行動基準」を提示しました。ＬＧＢＴ及びインターセックス*の人々（ＬＧＢＴＩ）に対する差別の解消を目指す経済界の取り組みを支援・促進するため、同指針は、企業の行動として、①どんなときでも人権を尊重することを前提

＊ 性別を特定する染色体パターンが一般的なものと合致せず、生殖器の発育が未分化であること

に、②職場での差別をなくし、③ＬＧＢＴＩの従業員に対して前向きで肯定的な職場環境を整備するよう支援を提供すること、④ＬＧＢＴＩの取引相手に対して差別をせず、また、取引先の差別や人権侵害行為を防止すること、⑤ＬＧＢＴＩ関連団体に対する支援など、コミュニティで人権侵害防止に貢献することを定めています。

企業がビジネスを担うマーケットでＬＧＢＴＩに対する差別をしないようにするだけでなく、取引先が差別を行わないように働きかけていくこと、また、人権侵害の防止に貢献するために、ＬＧＢＴＩのコミュニティや団体と連携し、支援していくことなどについて定めています。

かかる取り組みは、新たな人材の登用・定着、顧客の定着度の向上など、経済的利益にもつながるものとして多くの企業に理解されており、世界的に既に多くの企業が賛同を表明しており、日本でも富士通株式会社を皮切りに、株式会社丸井グループ、野村ホールディングス株式会社が賛同を表明しています。

同行動基準は、企業の経済的利益にとどまることなく、企業に対し、自社の取り組みについて対外的な周知をはかるなど、社会に向けた啓発活動を行っていくことも推奨しています。

持続可能な開発目標（SDGs）は、LGBTにも関連する

国連は、２０１５年に人間、地球及び繁栄のための行動計画として持続可能な開発目標（ＳＤＧｓ《エスディージーズ》：Sustainable Development Goals）をかかげました。ＳＤＧｓの理念である「Leaving no one behind（だれも置き去りにしない）」は、すべての人間が尊厳を持ち、かつ健全な環境の下でその潜在能力を発揮できるように目標をかかげており[*1]、企業がＬＧＢＴ施策に取り組むことは、ＳＤＧｓの理念に沿うものであり、また、ＳＤＧｓの理念に照らして必要なものです。

イギリスの著名なＬＧＢＴ団体であるStonewall Internationalは、ＳＤＧｓの17の目標のうち、①「貧困をなくそう」（ＬＧＢＴの人々は社会的な差別や排除を受けることで安定した職に就くことが困難となっている）、③「すべての人に健康と福祉を」（医療従事者の差別、認識不足のため、トランスジェンダーの当事者が適切な医療行為を受けることができないなど、十分な医療を受けることができない）をはじめとして、④「質の高い教育をみんなに」、⑤「ジェンダー平等を実現しよう」、⑩「人や国の不平等をなくそう」、⑪「住み続けられるまちづくりを」、⑯「平和と公正をすべての人に」等が、ＬＧＢＴ当事者が「置き去り」にされない目標として重要であることを具体的な例をあげて示しています[*2]。

＊1 国際連合広報センター「持続可能な開発目標（SDGs）とは」
https://www.unic.or.jp/activities/economic_social_development/sustainable_development/2030agenda/

＊2 https://www.stonewall.org.uk/system/files/sdg-guide.pdf

日本においても、虹色ダイバーシティはＳＤＧｓをＬＧＢＴの視点から読み解き、各ＳＤＧｓの目標ごとに、ＬＧＢＴ施策に取り組むことがどのようにＳＤＧｓの目標実現につながるのか、その事業活動と自らの事業体としての取り組みを紹介しています。*さらには、オムロン株式会社、ソフトバンク株式会社など、ＬＧＢＴに関する取り組みをＳＤＧｓ目標との関連で明確に位置付けて取り組んでいる企業も徐々に増加しつつあります。

国連が示す17のSDGs（持続可能な開発目標）

1 貧困をなくそう
2 飢餓をゼロに
3 すべての人に健康と福祉を
4 質の高い教育をみんなに
5 ジェンダー平等を実現しよう
6 安全な水とトイレを世界中に
7 エネルギーをみんなに そしてクリーンに
8 働きがいも経済成長も
9 産業と技術革新の基盤をつくろう
10 人や国の不平等をなくそう
11 住み続けられるまちづくりを
12 つくる責任 つかう責任
13 気候変動に具体的な対策を
14 海の豊かさを守ろう
15 陸の豊かさも守ろう
16 平和と公正をすべての人に
17 パートナーシップで目標を実現しよう

＊「特定非営利活動法人虹色ダイバーシティ」http://nijiirodiversity.jp/sdgs/

広がる自治体の取り組み

国の動きに先んじて広がる地方自治体の取り組み

ここ数年の自治体におけるＬＧＢＴの問題への取り組みにも目覚ましい進展があります。自治体による取り組みには、自治体首長によるＬＧＢＴ支援宣言、理解促進のための情報提供、基本計画・条例における差別禁止等ＬＧＢＴの包摂に関する取り組み、ＬＧＢＴ当事者である自治体職員向けの配慮、自治体に対する各種届出・申請等におけるＬＧＢＴ当事者に対する配慮措置等、各自治体において住民であるＬＧＢＴ当事者が抱える問題を少しでも解消できるようにと、多様な施策が導入されています。しかし、かかる施策の取り組みは、まだまだ先進的な自治体にとどまっています。

そういった観点から、２０１９年2月、全国で活動するＬＧＢＴ支援団体・個人有志が、地方自治体の首長、議会、そして政策担当者向けに、ＬＧＢＴ施策の導入を推進することを目的として「ＬＧＢＴ自治体施策提言集」*を公表しています。施策提言のほか、実際の自治体による取り組み事例から、優れた事例をベストプラクティスとして例示しています。

以上の自治体の取り組みの広がりを象徴的に示すのが、同性パートナーシップ制度で

＊ https://regionallgbtpolicy.jp/

す。同性カップルが直面する困難については、本来、全国的な立法による解決が必要です。しかし、一つひとつの地方自治体が同性カップルの声をしっかり受け止め、同性パートナーシップ制度導入を進めてきたことは、日本社会全体の関心を高め、いずれ国全体を大きく変える動きへとつながることが期待されます。

自治体による同性パートナーシップ制度の概要

同性カップルの婚姻は２０１９年現在日本において認められておらず、医療などの社会保障、相続、親子関係などについて同性カップルに対し婚姻した異性カップルと同様の法的保障を付与する制度はありません。その中で、自治体による同性パートナーシップ制度は、法的保障こそないものの、同性カップル間の関係を公的に尊重する取り組みとして、極めて重要な役割を果たしてきました。日本において、この制度のさきがけとなったのが、２０１５年に、渋谷区・世田谷区でそれぞれ導入されたパートナーシップ制度です。

渋谷区は、「渋谷区男女平等及び多様性を尊重する社会を推進する条例」を新たに制定し、男女の婚姻関係と異ならない程度の実質を備えた同性カップルについて、パートナーの関係であることを証明する「パートナー証明」を導入しました。また、渋谷区は、同条例において、区民や事業者等に対し、証明書等の発行を受けた同性カップルについて最大限の配慮を求めています。また、世田谷区も同様に、「世田谷区パートナーシップの宣誓

パートナーシップ制度をめぐる取り組み

パートナーシップ制度を導入している自治体と制度利用数

26自治体　合計617組

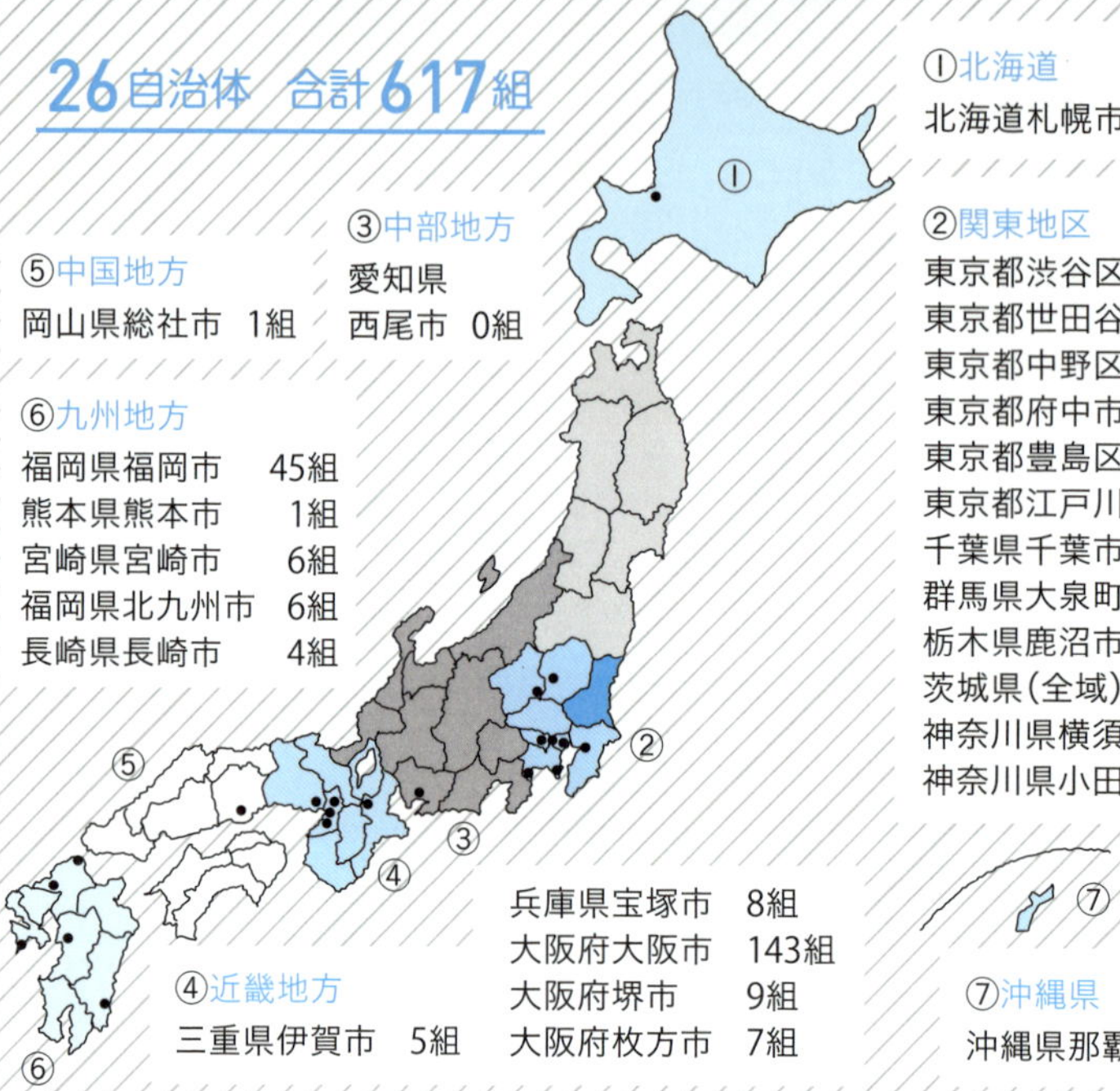

①北海道
北海道札幌市　77組

②関東地区

東京都渋谷区	38組
東京都世田谷区	102組
東京都中野区	35組
東京都府中市	3組
東京都豊島区	18組
東京都江戸川区	7組
千葉県千葉市	46組
群馬県大泉町	0組
栃木県鹿沼市	0組
茨城県(全域)	19組
神奈川県横須賀市	7組
神奈川県小田原市	3組

③中部地方
愛知県
西尾市　0組

④近畿地方

三重県伊賀市	5組
兵庫県宝塚市	8組
大阪府大阪市	143組
大阪府堺市	9組
大阪府枚方市	7組

⑤中国地方
岡山県総社市　1組

⑥九州地方

福岡県福岡市	45組
熊本県熊本市	1組
宮崎県宮崎市	6組
福岡県北九州市	6組
長崎県長崎市	4組

⑦沖縄県
沖縄県那覇市　27組

(2019年10月8日現在　虹色ダイバーシティ調べ)

パートナーシップ制度導入自治体数の推移

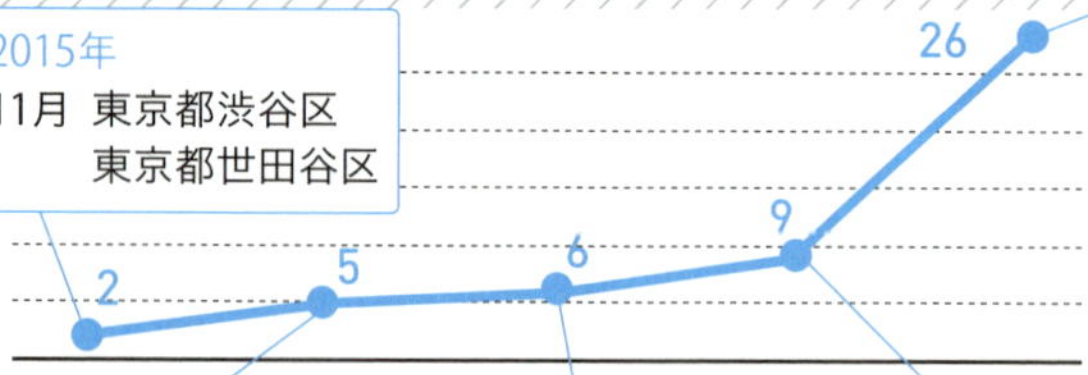

2015年
11月　東京都渋谷区
　　　東京都世田谷区

2016年
4月　三重県伊賀市
6月　兵庫県宝塚市
7月　沖縄県那覇市

2017年
6月　北海道札幌市

2018年
4月　福岡県福岡市
7月　大阪府大阪市
9月　東京都中野区

2019年
1月　群馬県大泉町
　　　千葉県千葉市
4月　東京都豊島区
　　　東京都江戸川区
　　　東京都府中市
　　　神奈川県横須賀市
　　　神奈川県小田原市
　　　大阪府堺市
　　　大阪府枚方市
　　　岡山県総社市
　　　熊本県熊本市
6月　宮崎県宮崎市
　　　福岡県北九州市
　　　栃木県鹿沼市
7月　茨城県(全域)
9月　愛知県西尾市
　　　長崎県長崎市

上記自治体の人口18,065,224人
……日本の全人口の14.3%(2019年10月現在)

の取扱いに関する要綱」に基づき、一定の条件を満たした同性カップルに、パートナーシップ宣誓書の写しと受領証の発行を開始しました。

渋谷区・世田谷区のパートナーシップ制度は、自治体が同性カップルを公的にパートナーとして公認する全国はじめての制度で、十分な法的な効果がないとはいえ、同性カップルの関係が公的な尊重に値することを明示し、同性パートナーについての議論が広くなされるきっかけとなったという意味で、非常に重要な意義を有します。

パートナーシップ制度は、２０１５年渋谷区・世田谷区で導入されたものの、その後しばらくは追随する自治体の数に、さほどの伸展はみられませんでした。しかし、２０１９年には、右の図にあるとおり、導入する自治体の数も制度利用者数も、急激に拡大しました。特定非営利活動法人虹色ダイバーシティの調査によれば、２０１９年10月８日時点において、パートナーシップ制度を導入している自治体は26に上り、合計617組のカップルが当該制度を利用しています。

のちに述べる指定都市市長会の要望等の流れを踏まえれば、今後、自治体によるパートナーシップ制度の導入は、ますます進んでいくものと考えられます。

パートナーシップ制度の枠組みと効果

各自治体が導入を進めている「パートナーシップ制度」は、共同生活を送るパートナー関係にある2人について、自治体が公認する制度ですが、条件や効果等、手続きについては自治体ごとにバリエーションがあります。

申請の実質要件としては、成人であること、相手方当事者以外にパートナーがいないこと、近親婚でないこと等が定められていることが多いといえます。これらに加えて、パートナーが戸籍上同一の性である必要があるかは、自治体によって扱いが異なっています。たとえば、世田谷区においては、戸籍上の性が同じでなくても、自認する性が同一であるカップルも対象に含めており、また、千葉市においては、同性カップルに限定せず事実婚の異性カップルもその対象としています。なお、自治体が定める条例または要綱であることから、当該自治体への居住あるいは居住予定であることが条件となります。したがって、制度を利用することを希望する同性カップルは、自らが居住する自治体においてパートナーシップ制度が存在しない場合には、パートナーシップ制度がある市区町村に住居を移転するか、または、自らが居住する自治体によるパートナーシップ制度の採択を待つほかありません。なおこの点、２０１９年10月30日、福岡市と熊本市がパートナーシップ宣誓制度の相互利用を開始しており、注目に値します。

手続的な要件として、いかなる書面等が求められるかも自治体によって扱いは異なっています。渋谷区は、任意後見契約、合意契約についての公正証書の作成を求めており、一定の費用・時間がかかりますが、住民票の写しや戸籍事項証明書等の提出のみを求めるにとどめる自治体がほとんどです。

前述のとおり、パートナーとして公認されたカップルに対し、法的に婚姻関係にある夫婦と同様の法的保障はありません。

しかしながら、パートナーとして公認した同性カップルに対し、市営住宅への入居や市営病院での面会・手術への同意を認める等、各自治体がさまざまな配慮を行っています。また、かかる自治体の公認制度に基づき、民間事業者においても、たとえば、ライフネット生命、日本生命、第一生命等、多くの保険会社において、同性パートナーを保険金受取人に指定することを認めたり、大手携帯キャリアにおいて同性パートナーを家族割の対象とする等、家族としてのサービスを認める運用が始まっています。パートナーシップ証明の取扱いについては、自治体、企業ごとに異なるものの、今後導入自治体が増えるにしたがい、同性カップルを「家族」として扱う自治体・企業が増えることが期待されます。

指定都市市長会が国としての対応を要望

いくつかの先進的な自治体においてパートナーシップ制度等のＬＧＢＴ施策の導入が進

んでいるものの、他方で、自治体ごとの対応状況には大きな差があり、地域間の格差が大きくなっていますし、そもそも自治体における対応には限界があります。全国的に施策を進めるためにはどうしても国が責任をもって全国的に対応することが必要となります。

こうした認識に基づき、２０１８年７月、全国の政令指定都市*の連合である指定都市市長会は、内閣府に対して、国としての対応を求める声明を発表しました。すなわち、①各府省が所管しているさまざまな施策を一元的に管理する国の組織を明確にすること、また、②国として性的マイノリティへの理解促進や、取り組みの強化に関する取組方針を示すことを要請しました。政令指定都市は、日本全体の20％を超える約２７００万人が居住していることを考えると、指定都市市長会がこうした要望を公表した意義は、決して小さくないといえるでしょう。

差別解消条例等の制定

パートナーシップ制度のほか、自治体による重要な取り組みとして「差別解消・禁止条例」の制定があげられます。

まだまだ数は少ないものの制定の動きは広がりつつあります。東京都多摩市、和歌山県橋本市、兵庫県宝塚市のほか、東京都国立市、東京都世田谷区、東京都豊島区等において差別禁止条例が施行されています。東京都国立市の「国立市女性と男性及び多様な性の平

＊ 札幌市、仙台市、さいたま市、千葉市、川崎市、横浜市、相模原市、新潟市、静岡市、浜松市、名古屋市、京都市、大阪市、堺市、神戸市、岡山市、広島市、北九州市、福岡市、熊本市の20市（2019年10月現在）

地方自治体の取り組み

LGBT支援宣言	性的マイノリティにおける支援宣言を公表した事例 — 沖縄県那覇市（レインボーなは宣言）　等
LGBTに関する情報提供	（ア）LGBTに関する一元的情報提供ページ （イ）LGBT担当部署の設置 （ウ）LGBT担当窓口の設置　等
基本計画等・条例	性的マイノリティへの支援や多様性尊重について自治体の行動計画等を定めた事例—東京都渋谷区「渋谷区男女平等・多様性社会推進行動計画」、千葉県千葉市「ちば男女共同参画基本計画・第4次ハーモニープラン」、東京都国立市「国立市女性と男性及び多様な性の平等参画を推進する条例」等
LGBT職員への配慮	（ア）同性カップル向け福利厚生制度の導入 （イ）施設利用における配慮 （ウ）採用における配慮　等
行政手続等	（ア）行政書類上の性別欄の見直し （イ）公営住宅入居 （ウ）公立病院での手術同意等 （エ）里親認定　等
啓発・理解促進活動	（ア）ハンドブック等解説ツールの作成・配布 （イ）ステッカー・フラッグ等啓発アイテムの作成・配布 （ウ）市民向け啓発事業 （エ）職員教育 （オ）民間企業への発注契約書への差別禁止明記
パートナーシップ制度	共同生活を送るパートナー関係にある2人について、 自治体が公認する制度

等参画を推進する条例」では、「何人《なんぴと》も、ドメスティック・バイオレンス等、セクシュアル・ハラスメント、性的指向、性自認等を含む性別を起因とする差別その他性別に起因するいかなる人権侵害も行ってはならない。」と定めるほか、「何人も、性的指向、性自認等の公表に関して、いかなる場合も、強制し、若しくは禁止し、又は本人の意に反して公にしてはならない。」と定め、アウティング（83頁参照）を禁止している点が特徴的です。世田谷区の「世田谷区多様性を認め合い男女共同参画と多文化共生を推進する条例」も、「何人も、性別等*1の違い又は国籍、民族等の異なる人々の文化的違いによる不当な差別的取扱いをすることにより、他人の権利利益を侵害してはならない。」と定め、差別を禁止しています。

いずれの条例においても、違反した場合の罰則はありませんが、区民、事業者による性的マイノリティへの配慮を求めており、また、一定の場合に自治体が不当な差別の解消等、人権救済のための必要な措置を講ずることができることを規定しています。

都道府県レベルでの取り組みとしては、東京都は、2018年10月、東京2020オリンピック・パラリンピック競技大会の開催を契機として、「いかなる種類の差別も許されない」というオリンピック憲章の理念の実現を目指し、「オリンピック憲章にうたわれる人権尊重の理念の実現を目指す条例」を制定しました。当該条例では、性自認および性的指向*2を理由とする不当な差別の解消ならびに啓発等を推進することを規定し、東京都、都

＊1　同条例では性別について「生物学的な性別及び性自認（自己の性別についての認識をいう。）並びに性的指向（どの性別を恋愛の対象にするかを表すものをいう。）をいう」と定義している
＊2　同条例では、性自認を「自己の性別についての認識のこと」、性的指向を「自己の恋愛または性愛の対象となる性別の指向のこと」と定義している

民および事業者による、性自認および性的指向を理由とする不当な差別的取扱いを禁じています。また、不当な差別的言動については、拡散防止措置や公表をできるとしています。東京都に引き続き茨城県も、２０１９年3月男女共同参画推進条例を改正し「何人も、性的指向及び性自認[*3]を理由とする不当な差別的取扱いを行ってはならない。」と差別禁止について定めました。

以上の都道府県・市町村の条例は、事業者の義務・努力義務を定めており、企業としては各自治体のＬＧＢＴ条例の動向をフォローする必要があります。

＊3　同条例では性的指向を「自己の恋愛又は性愛の対象となる性別についての指向のことをいう」、性自認を「自己の性別についての認識のことをいう」と定義している

国の取り組みにも変化の兆しが

今までの取り組みを振り返る

ＬＧＢＴに関する国としての取り組みは、人権課題として、あるいは、教育・子どものケアに関する事項として進められてきました。＊

２００２年、「人権教育・啓発に関する基本計画」（２００２年3月15日閣議決定）に、同性愛者への差別といった性的指向にかかる問題の解決に資する施策の検討を行うことが盛り込まれました。２００４年には、性同一性障害者の性別の取扱いの特例に関する法律（２００３年法律第111号）が施行され、２０１０年には文部科学省が性同一性障害への対応徹底を求める事務連絡を発出しました。

２０１０年以降、さまざまな検討・施策が活発化してきました。２０１２年には、内閣府が人権擁護に関する世論調査を実施。また、「自殺総合対策大綱」（２０１２年8月28日閣議決定）では自殺の恐れが高い層として「性的マイノリティ」に言及されています。２０１４年には文部科学省が学校における性同一性障害にかかる対応に関する状況調査を公表しました。

＊「LGBTの現状と課題　－性的指向又は性自認に関する差別とその解消への動き－」　中西　絵里（参議院・法務委員会調査室）

東京都渋谷区と世田谷区が同性パートナーシップ公認制度を開始した２０１５年は、全国的にＬＧＢＴについて考える機運が高まった年といえます。ＬＧＢＴに関する課題を考える超党派の国会議員連盟が発足、文部科学省が「性的マイノリティ」の児童生徒全般に配慮を求める通知*を提出したのもこの年です。また、「第４次男女共同参画基本契約」（２０１５年12月25日閣議決定）には、性的指向や性同一性障害を理由として困難な状況に置かれている場合への対応が盛り込まれました。

２０１６年には、自由民主党が「性的指向・性自認に関する特命委員会」を設置し、文部科学省が教職員向け手引を作成・公表しました。そして、２０１７年には、男女雇用機会均等法（１９７２年法律第113号）に基づく改正セクハラ指針が施行され、被害者の性的指向・性自認に関わらず、職場におけるセクハラが対象となることが明記されました。また、性的指向や性自認を、からかいや、いじめの対象とする言動も、セクハラに当たり許されないことを明確化する人事院規則運用通知が改正されました。さらには、いじめ防止対策推進法（２０１３年法律第71号）に基づく基本方針が改訂され、ＬＧＢＴへの対応が盛り込まれました。また、２０２０年東京オリンピック・パラリンピック大会において開催に必要な物品・サービスの調達基準や運用などを定めた調達コードに、ＬＧＢＴなどを含めた「社会的少数者」の権利尊重が規定されました。

これまでの日本の動きは、どちらかといえば性自認に関するものが先行していた傾向が

＊「性同一性障害に係る児童生徒に対するきめ細やかな対応の実施等について」（平成27年4月30日児童生徒課長通知）

ありましたが、だんだんと性的指向に関するものにも目が向けられてきています。これは、諸外国の動向、多くの外国の選手などを迎える2020年の東京オリンピック・パラリンピックをにらんだ動き、国に先行してパートナーシップ公認制度を導入した一部自治体の施策、そして、株主・顧客・消費者・従業員・一般社会など、さまざまなステークホルダーの声に敏感な先進的な企業の取り組みが、お互いに影響を及ぼしあった結果とも考えられます。

自民党の取り組み――「理解増進法案」

各政党の動きもみておきましょう。2019年現在、政権与党である自由民主党のLGBTに関する政策については、同党の「性的指向・性自認に関する特命委員会」において議論されてきました。2016年5月、「性的指向・性自認の多様なあり方を受容する社会を目指すためのわが党の基本的な考え方」*が取りまとめられ、同年6月、「性的指向・性同一性（性自認）に関するQ&A」*が公表されました。2018年8月には、いわゆる杉田論文（31頁参照）に関して、同党のウェブページ「LGBTに関するわが党の政策について」にて、「個人的な意見とは言え、問題への理解不足と関係者への配慮を欠いた表現があることも事実であり、本人には今後、十分に注意するよう指導したところです」との見解が公表されています。*

＊「LGBTに関するわが党の政策について」https://www.jimin.jp/news/policy/137893.html
ここで「基本的な考え方」、「Q&A」も公開されている

そして、自民党は、２０１９年度通常国会に「ＬＧＢＴ理解増進法案」を提出する予定であると報道されています。ただ、同党は、「憲法24条の『婚姻は、両性の合意のみに基づいて成立』が基本であることは不変であり、同性婚容認は相容れません。また、一部自治体が採用した〈パートナーシップ制度〉についても慎重な検討が必要です」との立場を表明しており、同性間の婚姻やパートナーシップ制度の導入については、慎重な姿勢を取っています。

野党の取り組み――「差別解消法案」

他方、立憲民主党など野党５党１会派は、２０１８年12月、ＬＧＢＴ差別解消法案を衆議院に提出*しました。この法は、障害者雇用促進法をモデルに、「性的指向又は性自認を理由とする差別の解消等の推進に関する国、地方公共団体及び国民の責務」を定めたものとされています。国や自治体の義務とするだけではなく、国民の義務と定めている点は、一歩先をゆくものといえるでしょう。具体的には、国や地方公共団体のみならず、事業者（企業）における性的指向又は性自認を理由とする差別的取扱いが禁止されます。また、事業者には、労働者の募集及び採用についての均等な機会の提供、雇用後の各場面における差別的取扱いの禁止、必要かつ合理的な配慮の努力義務が定められ、ハラスメントの防止に関する雇用管理上必要な措置が求められます。これら事業者が義務を果たすことを担

＊ https://cdp-japan.jp/news/20181205_1153

保するために、主務大臣が事業者に対して報告徴収、助言、指導または勧告を行うことができ、勧告に従わない場合には公表がなされる場合もある、としています。

国レベルの差別解消法案の成立については現時点では明確な見通しはありません。しかしながら、企業としては、社会の動向も含め、法案の今後の動向を注視する必要があるといえます。

野党の取り組み──「婚姻平等法案」

2015年以降、同性カップル間の関係を公認するパートナーシップ制度が、東京都渋谷区と世田谷区で開始し、大きな広がりを見せており、また2015年にLGBT当事者455名が同性婚を認めないのは違憲であるとして日本弁護士連合会に人権救済を申し立てたのに続き、2019年2月14日には同性婚を認めないことは違憲であるとして13組の同性カップルが全国で訴訟を提起しました（29頁参照）。これに加えて、世界的には2001年のオランダをはじめとして、2019年5月にはアジアの国としては初めて台湾で同性婚が実現するなど、現在28ヵ国・地域において同性婚が認められています（59頁参照）。

国は2018年5月国会で提出された「同性婚は日本国憲法第二十四条第一項に反し、違憲であると考えているのか。」という質問に対し、「憲法第二十四条第一項は、『婚姻は、両性の合意のみに基いて成立』すると規定しており、当事者双方の性別が同一である婚姻

（以下「同性婚」という。）の成立を認めることは想定されていない。」と回答し、「同性婚を認めるべきか否かは、我が国の家族の在り方の根幹に関わる問題であり、極めて慎重な検討を要するものと考えて」と回答しています。回答は同性婚を認めることを「違憲」と回答してはおらず、「想定されていない」としている点には留意する必要があります。国はまた、「民法や戸籍法において、『夫婦』とは、婚姻の当事者である男である夫及び女である妻を意味しており、同性婚は認められておらず、同性婚をしようとする者の婚姻の届出を受理することはできない。」とも回答しています。

以上のとおり、日本において同性カップルの婚姻が認められるためには、民法や戸籍法、その他関係法令の改正が必要となりますが、2019年6月、立憲民主党、共産党、社民党の議員が同性カップル間の婚姻を実現するための「婚姻平等法案」を提出しています。この法案は、現行憲法上も同性婚が実現できることを前提に、婚姻は、「異性又は同性の当事者が戸籍法の定めるところにより届け出ることによって、その効力を生ずる」と定めるとともに、「夫婦」「父母」とされているところを「婚姻の当事者」「両親・親」とするとされています。今後この法案など同性婚にかかる法案が審議されるうえでは社会的状況の変化に対する国会の認識が重要と考えられます。

その点について参考となる調査がいくつかあります。2015年、47都道府県の男女2600人を対象に行われた調査（釜野さおり、石田仁、風間孝、吉仲崇、河口和也「性的マイノリティについての意識―２０１５年全国調査報告書」）では、同性婚の賛否につき、賛成・やや賛成を合わせた回答が55・３％、反対・やや反対の44・７％を上回っています。

その他、同年３月の毎日新聞の世論調査、２０１７年３月のＮＨＫ世論調査、２０１７年５月の朝日新聞の世論調査においても賛成が反対を上回っています。電通ダイバーシティ・ラボのＬＧＢＴ調査２０１８（17頁参照）においても同性婚の合法化に賛成・やや賛成と回答した割合は78・４％に達しました。後述するように同性間の婚姻の法制化やサポートの有無は、社員の処遇ひとつとっても企業活動に大きな影響があり、企業として無関心ではいられない問題です。

国際的な動向にも目を向けておこう

LGBTをめぐる世界の現状

ＬＧＢＴについて、日本以外の他の国々では、どのように考えられているのでしょうか。ＩＬＧＡ（インターナショナル・レズビアン・ゲイ・トランスジェンダー・インターセックス連盟）の調査（２０１９年３月時点）によると、性的指向からの差別に対し、憲法による保護がある国は９ヵ国、差別禁止、雇用の場面における差別禁止、ヘイト・スピーチの禁止等何らかの形で保護がある国は133ヵ国に上ります。その一方で、同意に基づく同性成人間の性的行為が犯罪とされている国も70ヵ国あり、こうした行為が死刑の対象となっている国もなお11ヵ国あるのが現状です。企業の観点からは、海外転勤、海外出張などにあたって、転勤先・出張先の状況についてＩＬＧＡが発行するレポートを参照するなど調査し、配慮することが求められます。

増えている同性婚を認める国・法域

ＬＧＢＴに関する国際的な動向の中で、近年進展が目覚ましいと思われるのは、同性間の婚姻に関する動きです。とくにアジア太平洋地域では、2017年にオーストラリアで合法化されたのに続き、同年に台湾でも同性婚を認めないのは憲法違反であるという判決があり、2019年に合法化されました。

同性婚が法制化されているのは、2019年現在28の国と地域（表参照）で、同性カップルにシビル・パートナーシップなど婚姻に類似する法的保障を与える国は27ヵ国ですが、こうした国・地域が世界全体に占めるGDPの割合は約53％、その人口は約11億で世界人口の約15％に上っており、その影響は大きいといえます。* このように国・地域によって同性婚の法制化にばらつきがあることは、世界各国に拠点を有する企業の観点からは、すべての社員の平等な処遇や人事制度・福利厚生制度上困難な問題を提起することとなります。

国際連合の取り組み

国際連合（国連）は、活動目的のひとつとして人権擁護のための国際協力をかかげており、LGBTに対しても、さまざまな取り組みがなされています。

2006年に、国連の人権に関連する報告者や履行監視機関の委員も署名者に名を連ねた「性的指向や性自認に関する国際人権法の適用に関する原則」（ジョグジャカルタ原則）が採択されました。この原則においては、「すべて人は、性的指向または性自認にかかわらず、その私生活、家族、住居もしくは通信に対して恣意的にもしくは不法に干渉され、

＊ NPO法人EMA日本ホームページ参照。http://emajapan.org/promssm/world

同性婚が可能な国・地域（2019年6月現在）

アフリカ（1）	南アフリカ	2006年
ラテン・アメリカ（6）	アルゼンチン ブラジル ウルグアイ メキシコ（一部州） コロンビア エクアドル	2010年 2013年 2013年 2015年 2016年 2019年
北アメリカ（2）	カナダ 米国	2005年 2015年
ヨーロッパ（16）	オランダ ベルギー スペイン ノルウェー スウェーデン ポルトガル アイスランド デンマーク フランス 英国（北アイルランド除く） ルクセンブルク アイルランド フィンランド マルタ ドイツ オーストリア	2001年 2003年 2005年 2009年 2009年 2010年 2010年 2012年 2013年 2014年 2015年 2015年 2017年 2017年 2017年 2019年
アジア太平洋（3）	ニュージーランド オーストラリア 台湾	2013年 2017年 2019年

（NPO法人EMA日本による）

または、名誉および信用を不法に攻撃されない。」と規定するなど、これまでの国際人権法が性的指向や性自認を理由とする人権侵害にも適用されることを明らかにしました。

ジョグジャカルタ原則は国家による合意ではありませんでしたが、２０１１年、国連人権理事会は、ＳＯＧＩ《ソジ》＊（性的指向・性自認）に関する決議を初めて採択し、２０１２年には公式パネル討議が開催されました。

その後も、国連人権高等弁務官事務所（ＯＨＣＨＲ）を中心に、調査研究報告が進められています。ＯＨＣＨＲは、２０１２年「BORN FREE AND EQUAL（生まれながらにして自由かつ平等）」という文書において、ＳＯＧＩに関する国家の義務として、ＳＯＧＩに基づく暴力からの保護、拷問の防止、成人同士の合意に基づく私的な性行為を処罰対象とする規定の撤廃、ＳＯＧＩによる差別の禁止、ＳＯＧＩを理由とする人権の確保という5つの中核的義務を挙げています。２０１３年ＯＨＣＨＲは、ＬＧＢＴＩの平等と公平な取扱いを実現するための国際的なパブリック・キャンペーンである「UN FREE & EQUAL」を開始し、ホームページ、ＳＮＳ、ビデオ、イベント等を通じて、国際的な理解増進に努めています。

国際企業のための行動基準の策定

２０１７年9月、ＯＨＣＨＲは企業が、レズビアン、ゲイ、バイセクシャル、トランス

＊ Sexual Orientation（性的指向）、Gender Identity（性自認）の頭文字

ジェンダーおよびインターセックス（ＬＧＢＴＩ）の人々を含め、あらゆる人々の権利を尊重するという責任を果たすための指針を策定し、①人権を尊重する、②差別をなくす、③支援を提供する、④他の人権侵害を防止する、⑤社会で行動を起こすという5つの行動基準を示しました（36頁参照）。この行動基準には法的拘束力がありませんが、２０１９年11月現在262の企業が賛同を表明しています。日本では２０１８年6月にローンチ・イベントが開催され、富士通が日本企業として最初の賛同者となりました。その後丸井グループ、野村ホールディングスが賛同しています。

過去の日本に対する勧告

日本は、２００３年に発足した国連ＬＧＢＴＩコアグループの唯一のアジアからの参加国です。コアグループは、国連の枠組みでＬＧＢＴＩの人々を含むすべての人々の人権そして基本的人権を保障することを目的とする非公式の閣僚級会議です。

一方、ＬＧＢＴＩの権利保障に関する国際的な動きに対する日本の対応は、遅いといわざるを得ず、この点に関する国際的な批判も高まりつつあるように思います。２０１４年には、国連自由権規約委員会から、①性的指向及び性同一性を含む、あらゆる理由による差別を禁止する包括的な反差別法の採択、②差別の被害者に対する効果的で適切な救済の提供、③レズビアン，ゲイ，バイセクシュアル及びトランスジェンダーの人々に対する固定観念や偏見と闘うための意識啓発活動の強化、④ＬＧＢＴに対するハラスメントの中立てを調査し、かかる固定観念，偏見及びハラスメントの防止のための適切な措置、⑤自治体公営住宅入居に関する同性カップルに対する資格制限の撤廃といった指摘を受けています（①と⑤は２００８年にも指摘されています）。

国連加盟国が自国の人権状況について相互審査を受ける国連人権理事会普遍的定期審査においても、２０１７年、諸外国から、包括的な差別禁止法の制定、性同一性障害者特例法の改正、同性カップルの法的保護等、ＬＧＢＴ関係で13の勧告を受けています。さらに他の委員会においても、２０１３年には、国連社会権規約委員会から、年金の受取人や社会保障について同性カップルが法制度から排除されていることに対する勧告、２０１６年に、女性差別撤廃委員会から、ＬＢＴ女性が健康・教育・労働などで受ける差別を是正すべきだという勧告、２０１９年に子どもの権利委員会から、ＬＧＢＴＩの子どもへの差別を禁止し、防止するための措置を取るべきだという勧告が出されています。

しかし、こうした勧告に対して、日本が改善していることはいまだほとんどなく、冒頭に述べた同性間の婚姻についても、法制化はされていません。

【参考文献】
二宮周平編「性のあり方の多様性　一人ひとりのセクシュアリティが大切にされる社会を目指して」（2017年、日本評論社）のうち、「3　国際人権法における性の多様性　性的指向・性自認（SOGI）と人権を中心に」（谷口洋幸執筆部分）

第2章

LGBT施策構築のポイント

LGBTをめぐる社会状況の変化や、
職場でのLGBT施策推進の重要性は感じていても、
具体的になにをしていけばよいか
わからないままでは、手がつけられません。
本章では、施策実施に向けた筋道を明らかにしていきます。
大きな方向性、大切なポイントがわかれば、
具体的な行動に移しやすくなるでしょう。

ステップ・バイ・ステップでいこう！

なにをすればいい？――LGBTフレンドリーな職場作りのプロセス

これまで企業は、異性愛者や戸籍上の性別による男女の区分をベースに社内の規定や制度、設備を構築してきました。それがLGBT当事者にとって就労のあらゆる場面で問題を生じさせる要因となっている可能性があります。そのため、LGBTフレンドリーな職場を整備するために取り組むべきLGBT施策は多岐にわたり、いざ始めようとすると、どこから手をつけたらよいのか迷うことも多いようです。

ここでは、現在の日本の企業で導入されている主なLGBT支援施策を取り上げ、それらの施策がどのように影響し合うか、その関係性を解説していきます。

企業におけるLGBT施策の七つのエリア

企業で取り組むべきLGBT施策は、大きく七つのエリアに分けてとらえることが可能です。七つのエリアを意識することで、どのようなことが求められているのか、どこから、どのように手をつけていくことができるのか、見通しを立てやすくなるでしょう。

1 性的指向・性自認に対する差別禁止規定

企業におけるＬＧＢＴ施策の基盤です。就業規則や倫理規程など、差別禁止を規定している文章に性的指向、性自認、性表現を明記することにより、これまで「いないもの」とされてきたＬＧＢＴの従業員を認識し、差別を許さないという姿勢を表します。

2 職場で実行するためのガイドライン

性的指向、性自認、性表現への差別を禁止するのであれば、制度上や職場で具体的にどのような行動が求められているかを明確にする必要があります。

すでに存在するセクハラ防止ガイドラインや採用面接時のマニュアルなどにＬＧＢＴの観点を組み込んだり、トランスジェンダーの社員が戸籍とは異なる性別で勤務することを望んだ際の対応事例をまとめたガイドラインを策定したりして、社員が日々の業務の中で対応に迷わないように、会社の方針を明らかにし、できるだけ具体的に書き出すと効果的です。

3 職場に理解を促進する研修

差別禁止規定やガイドラインの存在を周知し、どのような行動や考え方が求められているかを正しく理解するために、研修を実施します。人事や法務、総務などを対象とした研修は、差別や誤解が施策の策定と運用にネガティブに影響することを抑制する効果が期待できます。また、管理職や全社員に対する研修は、差別のない職場環境の醸成のために必須です。

4 制度・方針整備

戸籍の性別や配偶者に制限して適用される法的な制度を除き、企業の判断で制度の適用範囲を自認する性別や同性パートナーに拡大したり、男女で利用に差がある制度を見直したりします。それにより、ＬＧＢＴだけでなく、すべて社員ができる限り平等に制度を利用できるようになります。

しかし、制度を整えても、利用できる環境が整っていないと、制度を利用することはできません。差別禁止規定や研修などの施策を導入することにより、差別禁止と理解促進を並行して推進する必要があります。

5 職場環境整備

男女により利用が分かれるトイレや更衣室、社員寮、制服、男女表記などのハード面と、ドレスコードや健康診断の受診ルールなどのソフト面の両方を見直す必要があります。それにより、既定の男女の枠に当てはめることで困難を感じる社員が就労するうえでの、不必要な苦労や配慮を軽減することができます。

6 キャリア形成

ＬＧＢＴの社員が採用をはじめ、育成、評価昇格、配置転換などの人事的なプロセスにおいて差別による不利益を受けないように、ＬＧＢＴ当事者が直面しやすい困難への理解の促進と差別禁止の徹底など、公正な判断が行われるように整備します。とくに、同性愛や両性愛であることはプライベートなことで、働くうえでは「関係のないこと」とされ、就労時の困難が見落とされがちなので注意しましょう。

7 コミュニティ形成

ＬＧＢＴ当事者とアライが主体的に課題解決と横のつながりを便《たよ》るための社員のネットワークを構築します。情報交換や、同じ立場にいる従業員との課題の共有、社内外への理解促進、ＬＧＢＴ当事者とアライのニーズや課題の把握など、コミュニティはさまざまな役割を担います。

④ 制度・方針整備

- 同性パートナー向け福利厚生制度
- 性別移行支援
- 通称名 通称性の使用
- 健康診断
- 通院 手術

⑤ 職場環境整備

- 制服 ドレスコード
- 男女表記見直し
- トイレ 更衣室 シャワールーム
- 寮 社宅 宿泊行事
- 相談窓口

⑥ キャリア形成

- 採用
- 評価 昇格
- 育成
- 転勤 海外赴任
- 長期出張

⑦ コミュニティ形成

- アライ育成
- アライ可視化
- 社員向けイベント 講演会
- 社員ネットワーク
- LGBT関連団体連携

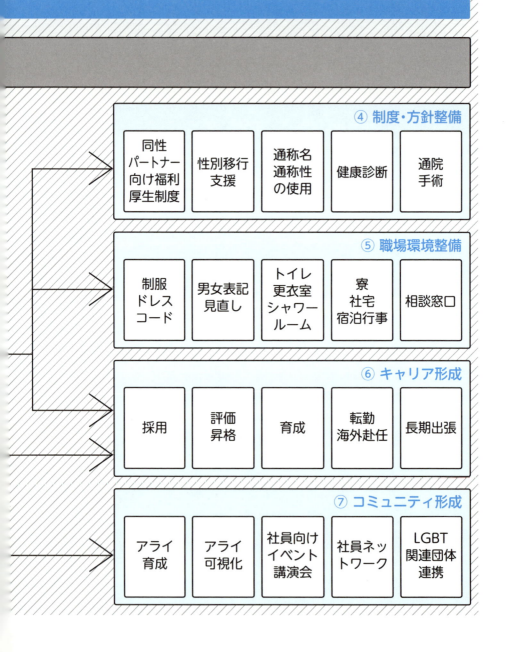

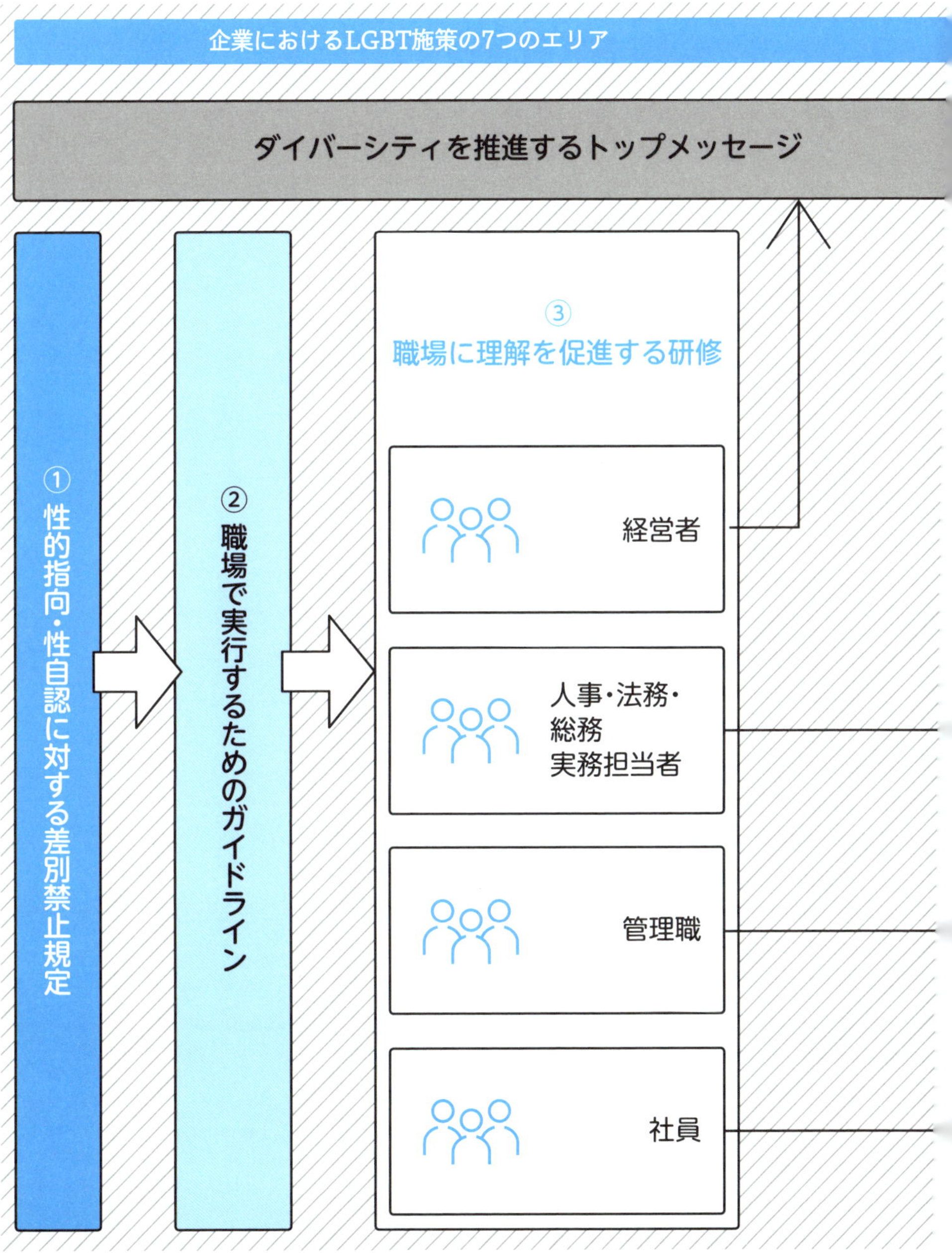
企業におけるLGBT施策の7つのエリア
ダイバーシティを推進するトップメッセージ
①性的指向・性自認に対する差別禁止規定
②職場で実行するためのガイドライン
③
職場に理解を促進する研修
経営者
人事・法務・
総務
実務担当者
管理職
社員

だれを巻き込めばいい？――体制を整える

企業でＬＧＢＴ施策に取り組む組織体制には、さまざまなパターンが存在します。自社の状況から、どの体制なら実現可能か、考えていきましょう。

1 ダイバーシティ推進の施策に関する企画、運営を担う専任の組織が担当する

取り組みを始める際に、専任の組織が課題やニーズをまとめたうえで方針を決定することには、時間と労力を取り組みに注ぐことができるという効果があります。しかしながら、専任組織だけがダイバーシティ推進に必要なことを考え実践するのでは、促進のスピードは遅くなるようです。とくにＬＧＢＴ施策に取り組むには、職場のあちこちに存在する男女二元論に基づいたルールや制度、設備などを見直す必要があります。そのすべてを専任組織のメンバーだけで見つけ出し、改善することも困難です。

2 関連組織から兼務で担当するメンバーでプロジェクト・チームを立ち上げる

人事や法務、営業企画、広報など関連組織からメンバーを任命し、兼務で活動するプロジェクト・チームを立ち上げます。ダイバーシティ推進のための優先課題を洗い出したうえで、それぞれの組織の専門分野において協力しながら取り組む方法です。幅広く課題を拾いやすく、また、自分ごととして捉えやすいため、それぞれの組織が自走してダイバー

シティ推進に取り組む環境を醸成することができます。ただし、本業との兼務のため、取り組みにかける時間と労力を捻出でき、成果が評価されるような仕組みを整える必要があります。

3 関係部署で自走するようになり、推進組織を解体する

1のような専任組織、もしくは2のようなプロジェクト・チームがダイバーシティ推進の方針と中長期的な計画を固めたのち、経営企画、人事、総務、法務、営業企画、広報などの組織がダイバーシティ推進の課題解決に向けて自走できるようになる時がきます。その際、推進組織は解体、もしくは事務局として推進支援の役目を担うようになります。推進組織が解体された後も、定期的に課題や進捗を共有し、連携を続けるために会議体を作るとよいでしょう。

4 社員の自発的な要望や活動が徐々に会社全体の取り組みへと発展する

専任組織やプロジェクト・チームのような体制を整えるには経営層の強い支援が必要となるため、経営層の理解を得られていない段階では最初から理想的な体制で始めるのは困難でしょう。その場合、まずは課題意識をもっている人がいる組織で、できる施策から取り組みましょう。その施策の効果を示しながら、協力が必要な組織を巻き込んでいくように動くことも選択肢の一つです。

LGBT施策を推進する際に必要な協力体制

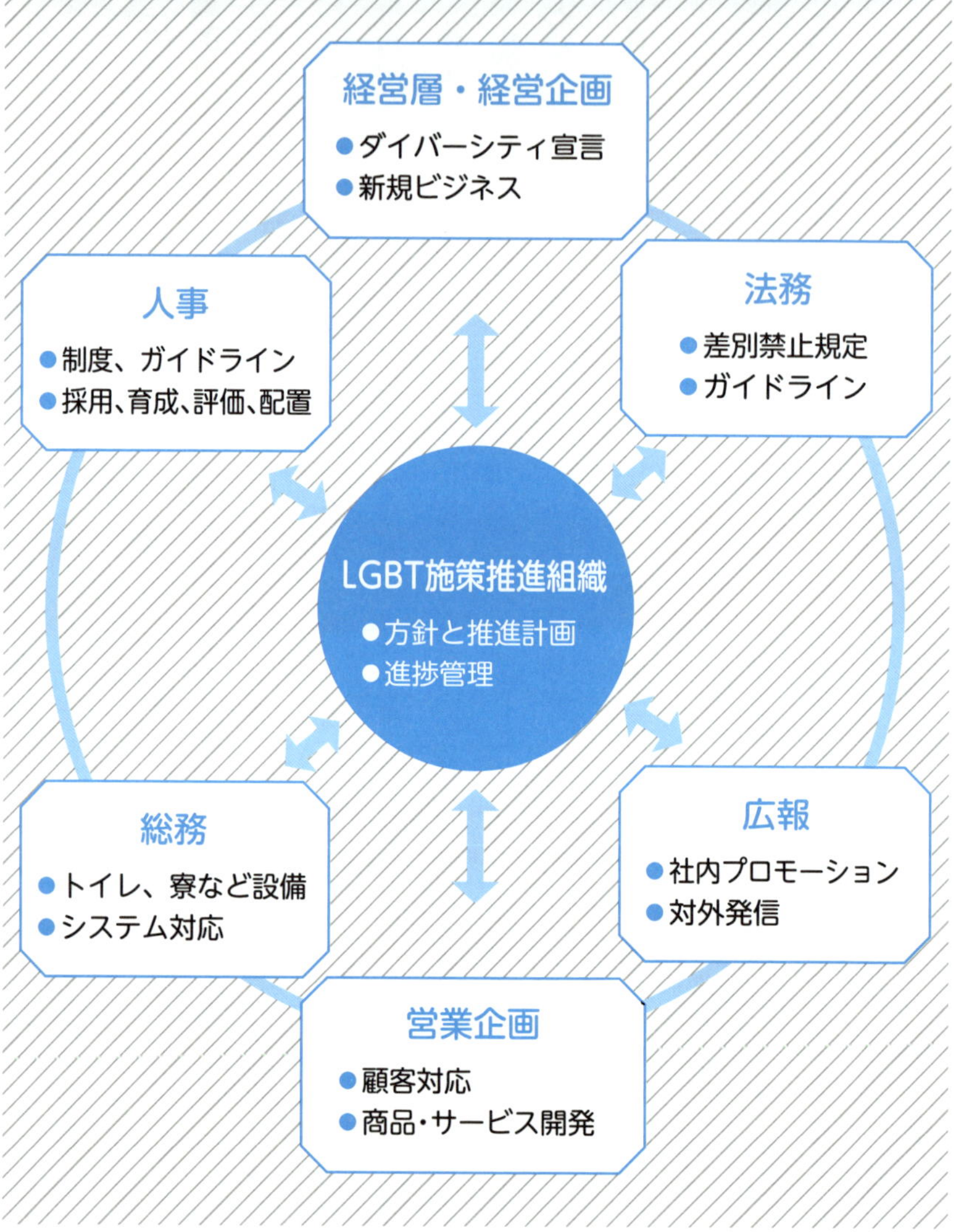

どこから始めてもOK！　LGBT支援施策のはじめの一歩

企業がLGBT施策に取り組むきっかけはそれぞれ異なります。すでにLGBT施策に取り組んでいる先進企業も、取り組みを開始したきっかけは多種多様です。日本社会の中でLGBTの理解が進んできたことや、LGBT施策に取り組む企業が増えていることは、企業がLGBT施策を始めるきっかけの一つとなり得ます。LGBT施策が評価されている同業他社の事例を社内を説得する材料とすることもできるでしょう。

また、どの施策から始めればよいかは、企業の状況によってそれぞれ異なります。どこから手をつけたら効果的かを考える前に、自社のビジネスの状況や職場環境、社員のニーズなどを踏まえながら、なぜLGBT施策に取り組むのかについて、まずは社内で検討してみましょう。LGBT施策に取り組む目的が明確になったら、どの施策から取り組むべきか見えてくるはずです。

最も効果的な施策について検討することも大事ですが、「この施策を導入するには社内における理解が足りない」「担当チームの理解が得られない」などの理由で導入に足踏みするのであれば、まずはできるところから始めてみましょう。最初の一歩を踏み出すことにより、これまで見えていなかった課題が明らかになり、次に打つ一手がわかるかもしれません。

先進企業がLGBT施策に取り組んだきっかけ

NTTグループは、2007年から女性活躍推進をはじめとしたダイバーシティ＆インクルージョンを推進してきた。事業のグローバル化や多様化するお客様ニーズに対応するため、多様性への受容や配慮を当たり前にできる組織風土の醸成が必要との観点から、LGBTの対応も始めた。（NTT東日本）

2012年に、全社プロジェクトとしてダイバーシティ推進が開始されたが、当時は女性活躍が中心だった。しかし、LGBT当事者は「13人に1人」*という数字を見て変化が生じた。当社店舗の1日の利用者が2000万人だとすると、そのうち150万人が当事者だということになる。そこから、グループとしてLGBT施策に取り組まなければならないと急速に進めている。（株式会社セブン-イレブン・ジャパン）

職場でカミングアウトしているLGBT当事者が、従業員の当事者グループの立ち上げを提案し、実現した。現在は、当事者グループが社内の理解促進やLGBT施策のニーズを組み上げる役目を担っている。（ジョンソン・エンド・ジョンソン株式会社）

＊ 電通ダイバーシティラボ（2015）

取り組みを始めるときに懸念されること

企業がＬＧＢＴ施策に取り組む機運が高まっているとはいえ、女性活躍推進や障がい者雇用、働き方改革など、企業が取り組むべきダイバーシティ推進の課題が山積するなかで、「今、ＬＧＢＴ施策に取り組むこと」に対する社内の理解を得ることに苦労される担当者の方々も多いようです。

ここでは、ＬＧＢＴ施策に取り組む先進企業が直面した障壁や反対意見、それらに対してどのように対処したかについて、いくつかの事例をご紹介します。

1 なぜ突然ＬＧＢＴ？——株式会社ペンシル

九州レインボープライドへの協賛を提案したときに、「社員がびっくりしてしまうのではないか」、「いきなりＬＧＢＴのイベントに協賛しても、知識がないから説明もできない」という意見がありました。これに対しては、「ＬＧＢＴだけを取り上げようとしているわけではなく、私たちはダイバーシティ経営に取り組みたい。今回はたまたまＬＧＢＴがテーマだが、女性も含めて全体的に進めていきたい」と説明し、理解を求めました。

また、「ダイバーシティ・モチベーター」というポジションを作り、社外のＬＧＢＴ団体と協力して、ＬＧＢＴ当事者による研修や、当事者と社員とのランチ会などを設定し、コミュニケーションの機会を増やすようにもしました。

2 LGBTより女性活躍推進が先では？——株式会社プラップジャパン

もともと女性が多いといわれる業界で、社内の女性比率が高いこと、最近は出産育児休暇を経て復帰するワーキングマザーが増えていたこともあり、「社内にどれくらい在籍しているかわからないLGBTの支援より、多数在籍しているワーキングマザーのことを先にやるべき」という反対意見が出る懸念がありました。

そこで、「LGBTだけではなく、ワーキングマザーもその他のマイノリティのイシューもすべて進めて行く中で、まず取り組んでいるのが、ワーキングマザーとLGBT支援なのだ」と説明し、他のダイバーシティの要素とのバランスを意識して進めたところ、大きな反発はみられませんでした。

3 余計なことをしないでほしい——ジョンソン・エンド・ジョンソン株式会社

今まで顕在化していなかった問題を取り上げることで、LGBT当事者からも「今まで自分がマイノリティであることを言わずに働くことができているのに、ことさら取り上げなくてもよいのでは」「活動はもっとスローにやったほうがいい」という意見がありました。社内全体に意識が醸成されるまではカミングアウトしたくない、偏見や差別を受けたくないという人たちは、すでにコンフォートゾーン、つまり居心地のよい居場所ができあがっているので、そこから抜け出したくないという意識があったのではないでしょうか。その反面、「この取り組みがあるからこの会社に入りました」という声も複数ありました。社内はもちろん、社外の人から選ばれる会社になり続けることが大事だと思い、取り組みを続けています。

4 そっとしておいたほうがいいのでは——アクセンチュア株式会社

毎年実施している従業員サーベイ（アンケート調査）にＬＧＢＴに関する質問を入れたところ、「そっとしておいたほうがいいのでは」というコメントが複数ありました。

ＬＧＢＴの活動に関して情報発信をする際には、職場でカミングアウトしてほしいわけではなく、特別扱いするわけでもない、みんなが安心して働ける職場を作りたいというメッセージを伝えることに注力しています。

【事例に学ぶ取り組みのヒント】

1、2の例のように、「女性活躍推進もまだまだなのに、ＬＧＢＴはまだ早い」という言葉をこれまでたくさん聞いてきました。人員と予算に制限がある中で、取り組みに優先順位をつけることは必要です。しかしながら、マイノリティの課題に取り組むダイバーシティ推進の本質は、マイノリティの属性に優先順位をつけることではないはずです。女性活躍も、障がい者雇用も、多様な働き方も、ＬＧＢＴも、社員が持つ違いのひとつであるというメッセージを明確に伝え、それぞれの違いの課題についてバランスよく取り組むことで、ひとつのマイノリティ属性を特別扱いしているという社員からの反感を払拭する効果が期待できます。

また、3、4の例で示されるように、会社がＬＧＢＴ施策に取り組むことで、「この会社にＬＧＢＴ当事者がいます」というメッセージとしてとらえられ、「だれがそうなのか？」と詮索されるのではないかという不安が生じたり、「特別な配慮や理解が必要な人たち」という印象が、かえってＬＧＢＴに対する差別を助長するのではないかという恐れが生じたりするケースがあるようです。

これらの不安の根底にあるのは、ＬＧＢＴに対する誤解や差別が社会や職場に根強く存在しているからではないでしょうか。性的指向と性自認を含め、さまざまな違いをもつ人すべてが、誤解や差別を受けることなく安心して働ける職場を目指して、ダイバーシティ推進に取り組んでいこうとしていること、そのために、職場に「いないもの」とされがちなＬＧＢＴについても知る必要があることを、ていねいに伝えることが重要です。

取り組み始めて生まれる変化も

ＬＧＢＴ施策に取り組むには障壁が多いように見えても、いざ取り組みを始めることで、社内の空気は変わってくるものです。

最後に、取り組みを始めてからポジティブなコメントが生まれる例を、紹介しておきましょう。

変えていったほうがいいよね──株式会社チェリオコーポレーション

ＬＧＢＴ施策に取り組むきっかけは、トップダウンで始まった東京レインボープライドへの参加でした。

当初はブース出展の担当者だけがイベントに参加していましたが、部署の垣根を越えて一緒にパレードを歩く社員が年々増えていきました。

次第に「こういうところは変えていったほうがいいよね」という声が参加した社員から出てきて、ＬＧＢＴ研修の実施や、就業規則と福利厚生制度の変更、社内の相談窓口の設置などに繋がりました。

みんなが安心して働ける環境を構築しよう

「違い」を恐れずに活躍できる職場環境を目指す

企業の中では、ほとんどの社員がチームに所属し、チーム内もしくは他のチームとの共同作業によって仕事をしています。新たな発想やビジネスチャンスは、チームメンバーの異なる経験や意見がその場で組み合わさることによって生まれます。同質性の高い職場では、マジョリティと異なることが心理的な圧力を生みます。ましてや、特定のマイノリティに対する差別が放置されている職場では、人との違いを認めないという無言のメッセージを社員に示しています。違いが抑圧されるような職場では、新たなチャンスにつながる可能性のある意見やアイディアは出にくくなるといわれています。

米Google社が「効果的なチームを可能とする条件は何か」を見つける目的で行った「Project Aristotle」というプロジェクトでは、心理的安全性が生産性の高いチームづくりに最も重要であることがわかりました。心理的安全性とは、「psychological safety（サイコロジカル・セーフティ）」という英語を和訳した心理学用語で、一人ひとりが自分らしくあることに不安を感じることなく、安心して発言し、行動できる状態を指します。

そのような職場であるためには、性的指向や性自認、性表現などの違いに対する差別やハラスメントがないこと、公正にチャンスと権利を受けられること、必要な時に相談を受けることができ、不平等が生じている場合は合理的配慮を受けられることが必要です。

本来、ダイバーシティ&インクルージョンとは、すべての社員が、それぞれがもつ違いによって排除されることを恐れず、自分らしくいられる職場環境を醸成することにより、企業が持続的に成長することを目指すものです。「当社は女性活躍推進も不十分なので、ＬＧＢＴへの取り組みは時期尚早」という意見もありますが、特定の属性だけに焦点を当てていては、多様性を企業の力にするという本来の目的は達成できません。性別だけでなく、多様な性のあり方にも焦点を当てることで、さまざまな違いをもつ社員が活躍できる職場環境の醸成をぜひ目指してください。ここでは、そのためのＬＧＢＴ施策の考え方とポイントを紹介していきます。

ポイント①　経営責任者がメッセージを発信する

トップメッセージが重要

ＬＧＢＴの社員にとって働きやすい職場であるためには、規程や制度を整えるだけでなく、すべての社員がＬＧＢＴに対する誤解や偏見をもたずに、さまざまな多様性に対して公正であろうとする意識が必要です。

トップメッセージの事例

日本たばこ産業株式会社

「JTでは、性別、性自認、性的指向や年齢、国籍だけではなく、経験、専門性など、異なる背景や価値観を尊重し、違いに価値を見出すことが、会社の持続的な成長に繋がると考えており、多様化（ダイバーシティ）の推進を経営計画の課題のひとつとして位置づけています」と、方針を明らかにしたうえで、目指す姿として「多様な人財が継続的に活躍可能な環境づくりを行うことで、将来にわたる事業競争力の強化／持続的成長に資すること」を宣言している。

https://www.jti.co.jp/csr/policy/human_resources/diversification/index.html

株式会社プラップジャパン

ダイバーシティ＆インクルージョンの推進により、プラップジャパンが培ってきた総合的なコミュニケーションサービスにおいてさらに大きなシナジーが生まれると考えています。すべての社員が働きやすい環境づくりを加速させるとともに、“あしたの常識をつくる”会社として、誰もが活躍できる社会の実現に貢献していきます。

そのためには、経営の責任者である社長をはじめとした経営層が、性的指向、性自認、性表現を含む多様性を尊重することを、会社の方針として明言することが重要です。経営者はダイバーシティ推進を人事や推進組織任せにするのではなく、リーダーシップを発揮して、すべての従業員にとって安心、安全な職場づくりのためのメッセージを発信しましょう。その力強いメッセージが、社員を勇気づけるはずです。

企業がダイバーシティを推進する理由はさまざまです。ダイバーシティ推進は経営戦略であり、持続的な成長に必要であるという方向性に加え、「今なぜ多様性を尊重するのか」を社員が理解し、日々の業務の中で実践できるように、自社のビジネスにとって多様性が必要な理由と必要とされる行動をメッセージに組み込みましょう。

ポイント②　「カミングアウト」と「アウティング」に注意

「カミングアウト」と「アウティング」

カミングアウトとは、クローゼットから出てくるという意味の「coming out of the closet」という英語の表現から派生した言葉で、自らのセクシュアリティを自分の意思で他者に伝えることを意味します。

また、カミングアウトをしていない人のセクシュアリティを、本人の意思に反して、もしくは本人の意思を確認せずに他者が暴露することをアウティング（outing）といいます。アウティングは、当事者との信頼関係を壊し、心理的安全性を感じる居場所を奪い取り、最悪のケースでは生命にかかわるような事例につながる、重大な人権侵害です。2019年5月に参議院本会議で可決・成立されたパワーハラスメント防止に関する法改正では、アウティングを防止する施策を導入することを企業に義務づけています。

企業がLGBT施策に取り組み、LGBTフレンドリーな職場が醸成されてくると、職場でカミングアウトする従業員が現れるかもしれません。カミングアウトの受け止め方と、アウティング防止の重要性をハラスメント防止のための研修やガイドライン、ハンドブックなどに組み込むことにより、職場全体に周知しておくようにしましょう。

カミングアウトの受け止め方

当事者からカミングアウトを受けた場合には、以下のような対応を心がけてください。

「大事なことを言ってくれてありがとう」

カミングアウトする理由は、信頼している人に知っておいてほしい、自分のセクシュアリティに関連して何か問題を抱えている、制度やガイドラインを使用したい等、人それぞれ違います。職場で公にカミングアウトしていない場合、相手を信頼できるか、話しても問題ないかを考え抜いたうえで伝えているはずです。まずは、言ってくれたことを受け止めたことを伝えましょう。

「他に知っている人はいる？」

カミングアウトを受けたからといって、周囲の人に伝えてよいことにはなりません。開示範囲を当事者本人に確認することで、アウティングを防止することができます。

カミングアウトを受けた上司や同僚が、対応について相談しようと人事にアウティングしてしまうケースや、人事担当者が人事部の中でアウティングしてしまうケースの報告を受けることが多々あります。カミングアウトが自分だけに向けられたものなのかを確認し、個人が特定されるような情報を伏せて相談するなど、プライバシー保護と守秘義務を意識して、不用意なアウティングに注意しましょう。

また、カミングアウトを受けた人が職場の状況を鑑みて、「他の人には言わないほうがいい」とカミングアウトを抑制するケースもあるようです。これは、周囲の同調圧力に屈することを本人に強制していることになります。本人がカミングアウトを望んでいるのであれば、周囲の人が肯定的に受け止められるには何ができるかを一緒に考えましょう。

「わからないことは教えてほしい」「失礼なことを言ってしまったら教えてほしい」

国内にＬＧＢＴ施策の事例が未だ少ない中で、ＬＧＢＴ施策の担当者であっても、すべての事象に適切に対応することは困難です。また、人によって問題のとらえ方や状況、要望は異なるため、ＬＧＢＴと一括りにして対応をマニュアル化することもできませんし、正解があるわけではありません。本やセミナーで勉強するのはもちろん必要ですが、わからないことや気づいたことがあったら「わからないので教えてほしい」と、カミングアウトした本人に率直に伝えることも重要です。

以上のような配慮は、なにもＬＧＢＴに限ったことではありません。意を決して同僚や上司に相談をする時のことを想像してみてください。その人のことを信頼して相談したのに、自分がいないところで他の人に相談した内容を話されていたらどう思うでしょうか。性的指向や性自認の話は、どのように扱ってよいかわからず、だれかに相談したいということもあるでしょう。そのような場合を想定して、ポイント③で紹介する匿名性が守られる相談先を確保しておくことが必要です。

ポイント③ 相談しやすい体制をつくる

安心して相談できるようにする

当事者だけでなく、カミングアウトを受けた上司や同僚などが、なにか困ったことや聞きたいことがあるときに、安心して相談できる体制を用意しましょう。そのために、社内のわかりやすいところに相談先の情報を掲載したり、相談者の状況やニーズに応じた複数の相談先を用意したりするなど、当事者目線で相談しやすい体制を作ることが重要です。

また、相談を受けた担当者がＬＧＢＴに関する適切な知識を有しておらず、相談することで差別の二次被害が発生することも考えられます。転勤や異動などの配置転換制度のある企業では、せっかく知識と経験を積んだ担当者が数年で異動してしまい、新しい担当者は一からＬＧＢＴについて学び直す必要があるため、ＬＧＢＴ当事者にとって相談しにくい状況になることもあります。ここでは、相談窓口を設置する際のポイントと、社外の専門団体との連携についてご紹介します。

◎相談窓口を設置する

ハラスメント専用の相談窓口や、人事、産業医などこれまで社員の相談を受けている窓口を、ＬＧＢＴに関する相談を受けられるように教育するケースと、新たにＬＧＢＴ専用の相談窓口を設置するケースが考えられます。どちらの場合も、担当者がＬＧＢＴに関する研修を受けていること、守秘義務やアウティングへの配慮があることを、相談窓口の連絡先と共に運用ルールに明記しましょう。

また、対面の相談だけでなく、メールや電話など匿名で相談できる方法を提供することで、相談する社員の心理的ハードルを下げることも必要です。

社外の相談先

各地の弁護士会などが行っている無料電話相談を利用することもできる。

■よりそいホットライン（厚生労働省による補助金事業）※1

TEL 0120-279-338

24時間／通話料無料／音声ガイダンスで４番（性別や同性愛などに関わる相談）を選択

■札幌弁護士会「LGBTsのための電話法律相談『にじいろ法律相談』」※2

TEL 080-6090-2216（にじいろ）

毎月第２火曜日　17：30〜19：30・毎月第４金曜日　11：30〜13：30

■東京弁護士会「セクシュアル・マイノリティ電話法律相談」※3

TEL 03-3581-5515

毎月第２木曜日・第４木曜日（祝祭日の場合は翌金曜日）17：00〜19：00

■千葉県弁護士会「弁護士によるLGBTs専門相談」※4

TEL 043-306-9873

平日10：00〜16：00（11：30〜13：00を除く）

■大阪弁護士会「弁護士によるLGBTsのための電話相談」※5

TEL 06-6364-6251

毎月第４月曜日 16：00〜18：00（祝祭日や年末年始は変更可能性あり）

■福岡県弁護士会「LGBTに関する無料電話法律相談」※6

TEL 070-7655-1698

毎月第２木曜日・第４土曜日 12：00〜16：00

2019年10月現在

＊1 http://www.since2011.net/yorisoi　＊2 https://www.satsuben.or.jp/center/by_content/detail15.html
＊3 https://www.toben.or.jp/know/iinkai/seibyoudou/news/post_26.html
＊4 https://www.chiba-ben.or.jp/news/2019/000503.html
＊5 https://www.osakaben.or.jp/01-aboutus/committee/room/jinken/04.php
＊6 https://www.fben.jp/whats/lgbt.html

◎社外の相談先と連携する

ＬＧＢＴに関わる相談は多岐にわたり、また、対応方法も当事者の感情や状況によって異なります。ＬＧＢＴ研修を受けただけでは適切な対応が難しいため、外部のＬＧＢＴ関連団体や相談先と連携するとよいでしょう。社内の相談窓口の情報とともに、連携している団体の連絡先を掲載することも効果的です。

ポイント④　ＬＧＢＴに関する取り組みを周知する

制度を整えるだけに終わらせない

せっかく同性パートナーが利用できる福利厚生制度やトランスジェンダーの性別移行をサポートする制度を整備しても、「利用者がなかなか出てこない」という企業もあるようです。ＬＧＢＴに対する差別が存在する職場の場合、制度を利用することでＬＧＢＴ当事者であることが上司や人事にわかってしまうこと自体が、制度利用の妨げになることは容易に想像できます。その場合は、ＬＧＢＴ当事者が「制度を利用しても安全だ」と感じることができるまで、差別防止と理解促進のための施策に継続的に取り組むしかありません。

また、ＬＧＢＴに関する施策に取り組んでいても、あえて社内に大々的に情報発信しない企業もあります。その理由は、他のダイバーシティ推進施策とのバランスを鑑みて、

ＬＧＢＴ施策だけを積極的に発信するのは不自然ととらえられたり、ＬＧＢＴ当事者があまり大げさに騒ぎたててほしくないと望んでいたりと、さまざまです。

そのような事情がある場合は、制度利用者の視点に立って、必要な時に情報にアクセスしやすい仕組みを作りましょう。同時に、ＬＧＢＴに関する理解を促進する情報や研修に関しては、幅広く従業員の目の届くところに掲載しましょう。「なぜＬＧＢＴだけ？」という問いには、社会では未だＬＧＢＴに関する理解度が低く、とくに周知の必要性があるという説明があれば、大きな問題にはならないでしょう。

必要な人、見たい人がアクセスしやすい仕組みに
（日本たばこ産業株式会社）

◆新たな制度については各部門の総括担当者にメールで通知し、そこから部門に周知している。

◆周知と情報のアーカイブの目的で、ダイバーシティ関連の情報を集約したイントラネットページを作り、そこから「Think LGBT」という専用ページにアクセスできるようにしている。新たな情報が更新されたというお知らせは、イントラネットの当該専用ページ等に掲載している。

◆LGBTの専用ページには、制度やｅラーニング、LGBTセミナーの動画、相談窓口の連絡先だけでなく、役員のメッセージやアワードを受賞したこと、東京レインボープライドへの参加の様子など、やわらかい情報を掲載することで、興味をひく工夫をしている。

制度の周知と利用しやすくする工夫の例

点在する情報をまとめ、地道に情報発信
（モルガン・スタンレー）

◆ 同性パートナーがいる従業員向けの制度に関する情報が社内に点在していてわかりにくかったため、イントラネット上に1ページにまとめて全社に向けて発信した。また、それを印刷したものを全ての新入社員に入社関係書類として配布したり、社内のイベントで配ったりしている。

◆ work with Prideでゴールド表彰を受けたことをポスターにして、エレベーターや休憩ルームに張り出した時は、「実はあのポスターに励まされた」という当事者からの声があり、草の根で情報発信することが大事であることを実感した。

問い合わせや制度利用による不必要なカミングアウトを防止
（アクセンチュア株式会社）

◆ 同性パートナーが利用できる福利厚生制度や、トランスジェンダーの社員の性別移行をサポートするガイドラインなど、会社のLGBTに関する取り組みについて、AIを活用したチャットボットに質問できるようにしている。

◆ 制度利用の際も、上司や人事担当者を通さずにネット上から申請できるようにして、不必要なカミングアウトをしない工夫をしている。

カミングアウトで施策の成果を測らない

ここで改めて強調しておきたいのは、カミングアウトはあくまで当事者の意思によって行われるもので、他者によって強制されるものでも、推奨されるものでもない、ということです。そのため、企業がＬＧＢＴ施策に取り組んだことによる成果を、カミングアウトの数で測ることはできません。

同性愛や両性愛、性別違和が当たり前に存在するという認識があれば、当事者はわざわざ自分のセクシュアリティをカミングアウトする必要もないはずです。しかしながら、男女二元論や伝統的な性別役割意識の根強い社会や職場では、異性愛や戸籍上の性別をベースに法律や制度が作られており、さまざまな場面でＬＧＢＴの当事者は不平等に扱われることがあります。

カミングアウトは、「周囲にはいない」とされがちなＬＧＢＴの存在を顕在化し、不平等な法律や制度に異議を示す効果がありますが、本来は当事者がカミングアウトしていようがいまいが、性的指向や性自認、性表現に関わらず、公正な社会と職場環境が整備されるべきです。

ポイント⑤「アライ」を増やしていく

アライの存在意義は大きい

ＬＧＢＴ施策を進めるうえで、「アライ」の存在も重要です。アライの語源は、英語で仲間や味方、支援者、同盟を意味するAllyです。Allyである状態を示す名詞形であるAllianceの略語としたり、「アライアンスの人」と呼ぶのは文法的に適切ではありません。「ＬＧＢＴアライ」は、ＬＧＢＴなど性的マイノリティについて理解し、活動をともに支援する仲間のことを表します。アライは非当事者であることを意味していたようですが、レズビアンの人がゲイやバイセクシュアルやトランスジェンダーのアライになることができるように、ＬＧＢＴ当事者のアライも存在します。非当事者のアライを意味する言葉として「ストレートアライ」という言葉が使われることもあります。つまり、ＬＧＢＴの人も、そうでない人も、誰もが誰かのアライになれるのです。

しかしながら、日本におけるアライという言葉の定義には賛否両論あるようです。アライを「理解者」「支援者」と表すことについては、上から目線であるという意見が聞かれます。性的マイノリティに対し、性的マジョリティであるアライが一方的に「理解する」「支援する」という意図で使われると確かにそのような違和感があります。

また、アライだとわざわざ名乗ることについて、「自分はＬＧＢＴ当事者ではない」と言っているようなものであり、当事者と非当事者を分断する言葉だという意見も聞きます。ＬＧＢＴ当事者ではない人が、ＬＧＢＴの課題や活動について理解を深め、共に行動する仲間であると表明するために使うアライという言葉に、そのような反応があることは悲しいことです。

その根底にあるのは、長年にわたりＬＧＢＴに対する差別を続けてきた性的マジョリティへの不信や反感を生むような経験であろうことは、想像にかたくありません。ＬＧＢＴというテーマにおいて使われる言葉は、センシティブに扱われるべきものであることが改めて痛感されます。しかしながら、さまざまな感情に配慮した結果、多種多様でわかりにくいアライの定義が存在するようになれば、アライの本来の存在意義と、求められる行動があやふやになってしまうことが懸念されます。アライとは、ＬＧＢＴなど性的マイノリティが直面する困難や差別を是正するための活動を理解し、活動を共に支援する、周囲の人がアライになるように支援する人、と表してはいかがでしょうか。

見かけの性別や年代、人種等の目に見えやすい違いと比べると、性的指向や性自認等の目に見えにくい違いを持つ性的マイノリティは、職場でマジョリティから孤立することを避けるために、自らの違いを秘匿《ひとく》する傾向にあるとされています。そのため、性的マイノリティが職場で直面する問題は可視化されにくくなります。ＬＧＢＴが職場には「いないもの」、ＬＧＢＴに対する差別は「ないもの」とされないように、アライはＬＧＢＴ当事者が職場で直面する問題の代弁者となり、差別を是正するために行動する役目を担うことができます。

特定非営利活動法人虹色ダイバーシティと国際基督教大学ジェンダー研究センターにより実施された「ＬＧＢＴに関する職場環境アンケート２０１６」の調査結果を分析すると、アライが存在する職場のほうが勤続意欲の高いＬＧＢＴ当事者の比率が13％ポイントが高く、アライが存在しない職場のほうが勤続意欲の低いＬＧＢＴ当事者の比率が８・７％ポイントが高いことがわかります（下図）。また、アライの存在は、周囲の人がＬＧＢＴに関する理解度を高め、アライとして行動することを促進することがわかっています。

企業では、ＬＧＢＴに対する理解を促進

アライの存在とLGBT当事者の勤続意欲

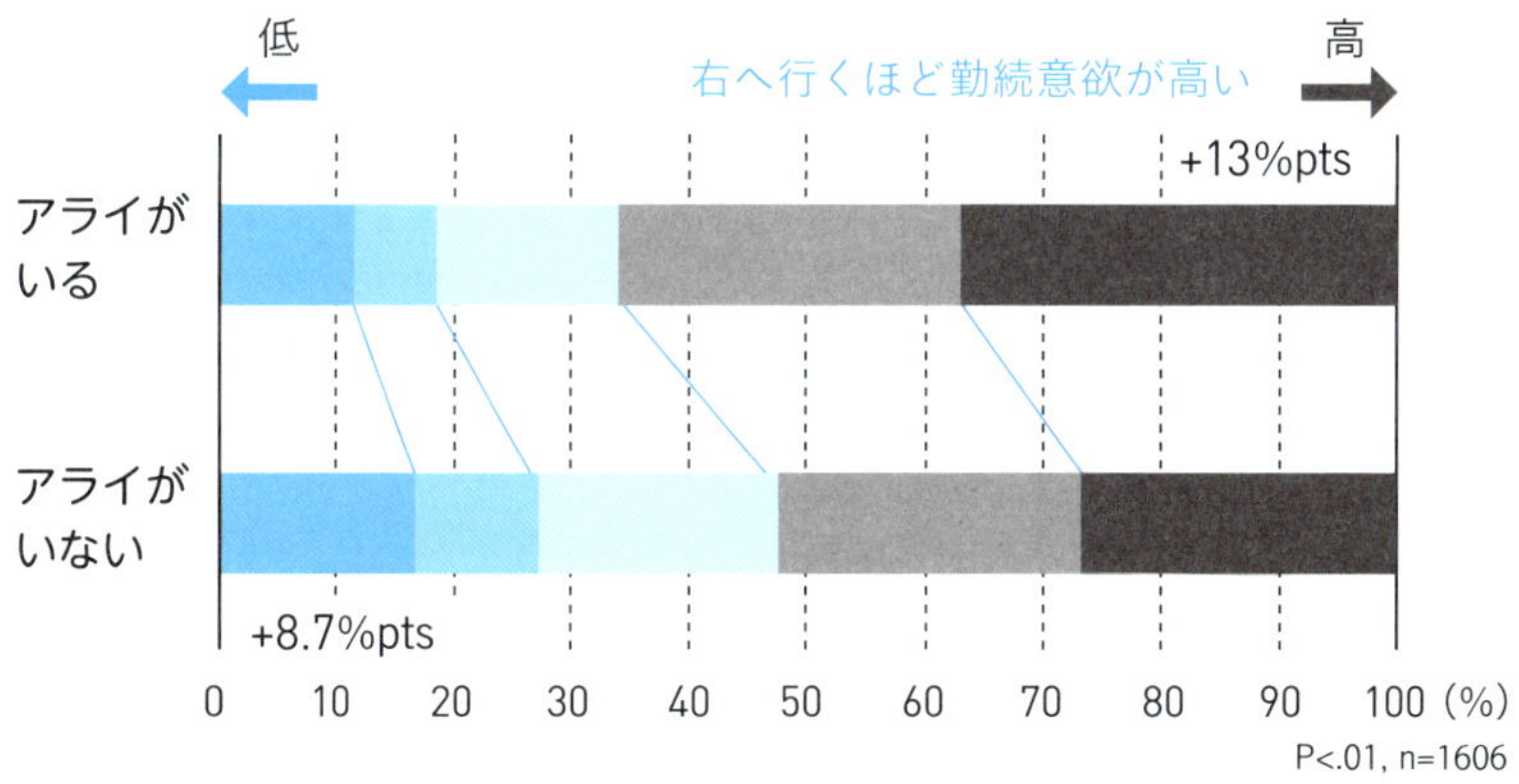

アライが存在する職場では勤続意欲の高い当事者の割合が増え、アライが存在しない職場では勤続意欲の低い当事者の割合が増える

NPO法人虹色ダイバーシティ、国際基督教大学ジェンダー研究センター「LGBTに関する職場環境アンケート2016」の調査結果を使用し、筆者により分析

し、差別を是正するための施策を実施すると同時に、職場にアライを増やし、その存在をロールモデルとして可視化する施策を導入することが効果的です。

職場におけるアライの増やし方

ＬＧＢＴに対する誤解や差別を是正し、性的指向や性自認、性表現に関わらず公正にチャンスが与えられ、力を発揮できる職場を醸成するために、アライを増やし、可視化する施策を導入する企業が増えています。

アライを育成するには、「知る」と「行動する」という二つのステージに応じて異なる施策を導入し、さらにその存在を可視化することが必要です。

1 「知る」ステージ

まず、ＬＧＢＴなど性的マイノリティに関する基礎的な知識を得ることで、同性愛や性別移行が「趣味嗜好」や「わがまま」であるという誤解を解消し、差別的な発言を抑制します。その際、ＬＧＢＴは特別な存在ではなく、性的指向や性自認、性表現の在り方の一つであること（ＳＯＧＩ《ソジー》Ｅ＊の考え方）、ＬＧＢＴ施策は新たに特別な権利を与えるものではなく、性的マジョリティの人たちが既に受けている権利を性的指向や性自認、性表現に関わらず享受できるようにするものであるということも理解する必要があります。さら

＊ Sexual Orientation（性的指向）、Gender Identity（性自認）、Gender Expression（見た目の装いやふるまいなど自分自身の性表現）の意

に、アライの役割と期待される行動を知ることで、次の「行動する」ステージにつなげやすくなります。

「知る」ステージでは、一過性の研修やイベントではなく、継続的に提供できるように体制を構築しましょう。

2 「行動する」ステージ

ＬＧＢＴ当事者が直面する課題を知るにつれ、自分に何かできることはないかと思う人が出てくるはずです。アライとしての行動を引き出すために、アライの役割や職場に存在する効果、期待される行動を周知しましょう。ＬＧＢＴ当事者やアライとの対話会や、職場でありがちなＳＯＧＩ《ソジ》ハラ*のケーススタディを通してアライとしての行動を体験することで、自分にできることを考えることも効果的です。

ただし、「これをしたらアライである」と定義することは困難です。一般的にアライに期待される行動を事例として提示することはできますが、ＬＧＢＴ当事者との関係性や職場の状況などによって、適切な行動は異なるからです。「これをしたらＮＧ」、「これをしたら正解」というようなマニュアルや、憶測に頼るのではなく、ＬＧＢＴ当事者やアライのロールモデルと対話することによって学び続ける意識が必要です。

＊ SOGIハラ　性的指向（Sexual　Orientation）・性自認（Gender　Identity）に対するハラスメント

5 アライの可視化

虹色のアライステッカーやストラップ、ピン、フラッグなどをアライの社員に配布し、職場でアライであることを表明する。社員主体で会話が生まれるような仕組みにしたり、欲しいと思ってもらえるデザインにしたりするなどの工夫をする。

株式会社プラップジャパン

社員がデザインした包装紙のチョコレートをランダムに三つ組み合わせて配布した。アライのロゴが印刷されたチョコレートが出たら「当たり」として、チョコレートをもう一つプレゼントした。「アライって何？」「アライは見つかった？」という会話を促すと共に、「今は探さなければならない存在であるアライを探さなくてもよい会社となるように」という願いをこめた。

株式会社リクルート

「あなたと。そして、誰かに。」というメッセージのカードとともに、六つのデザインの「LGBTQ ALLY」バッジからランダムに二つ配布した。一つは自分に、もう一つはアライになって欲しい人に渡すことで会話を生み、アライの輪を広げていく。

アライの育成、アライとしての行動を促す方法

1 LGBT研修

当事者の講師が職場での経験などを共有することにより、「これまで当事者に会ったことがない」という社員は知識を習得するだけでなく、LGBT当事者を身近に感じる効果がある。

2 ハラスメント防止研修

男女間のハラスメントだけでなく、同性間のハラスメントや性的指向と性自認に対するSOGIハラ、アウティングも就業規則により禁止されていること、人権侵害に当たることを組み込み、LGBTに対するハラスメントを防止する。

3 パンフレット／ガイドブック

LGBTに関する基礎的な知識やアライにできること、ハラスメント防止ガイドラインなどを、職場で常に目の触れるところに配置し、興味のある人が手に取り、問題が起きた際にすぐに参照できるようにする。

4 イベント/セミナー

当事者やアライのスピーカーが経験談を共有したり、LGBTに関する映画を鑑賞したり、LGBTに関するイベントに会社として協賛したりすることで、研修以外の場でLGBT当事者を身近に感じる機会を増やす。

アライとして期待される行動チェックリスト

- □ LGBTについて本や研修、セミナーなどから学ぶ
- □ LGBTについて周囲に積極的に話す
- □ 虹色ステッカーを貼る、虹色グッズを身に着けてアライであることを表明する
- □ LGBTに関するイベントやパレードに参加する
- □ 研修や制度など、LGBT当事者のニーズを代弁する
- □ LGBTに対する差別的な言動や行動を見た際に訂正する
- □ LGBT当事者とアライとの対話により学び続ける

アライグッズ

アライを「可視化する」

アライとしての行動の一つに、自分がアライであることの表明があります。心の中でLGBTに対する差別的な意識をもっていなくても、周囲の人にはわかりません。アライであることを表明し、行動することでその存在が可視化されます。行動することにより、LGBT当事者の心理的安全性を高めるだけでなく、職場におけるLGBTへの差別を是正し、その行動が好事例として伝わり、周囲の人のアライ行動を促進します。

アライを可視化する施策として、虹色のアライステッカーやストラップ、ピンバッヂ、フラッグなどのアライグッズを作成し、アライの社員に配布しましょう。社員がデザインを考えたり、「かっこいい、欲しい」と思えるデザインにし、これらをデスクやPCに飾ったり、目立つように身につけることで、アライの存在を見えやすくすることができ、アライについて会話をするきっかけを作ることもできます。(右記。カラー写真はカバー袖写真参照)

ポイント⑥　社員ネットワーク（ERG）を立ち上げる

職場の課題を解決する社員ネットワーク（ERG）とは？

外資系の企業では、社員が興味のあるテーマのもとに集まり、課題を共有し、解決するために活動するEmployee Resource Group（ERG：従業員リソースグループ、社員ネットワーク）と呼ばれる仕組みがあります。ERGは、女性や障がい、人種、LGBTなどダイバーシティ＆インクルージョンの重点課題となる属性ごとに作られることが多く、人事やダイバーシティ推進の担当部門が方針と予算を管理しながらも、従業員が主体的に活動します。

ERGには、社員の働きやすさや勤続意欲を高め、社員同士の連携を高める効果があるだけでなく、ERGを通して企業が把握しにくい職場の課題やニーズを汲み取り、より現場の目線に近い解決策を導入できるという効果が期待できます。

社員ネットワークの始め方

ERGは社員の発案で主体的に開始することが好ましいのですが、ERGという仕組みに馴染みのない日本の企業では、自然発生することはなかなか期待できません。そのため、設立当初は人事やダイバーシティ推進の担当者がきっかけと仕組みを作ることが必要です。ここでは、ＬＧＢＴとアライのＥＲＧを立ち上げるためのステップを紹介します。

1 小さく始める

まずはＬＧＢＴのテーマに興味がある人を集めるところから始めましょう。正式に組織を作らなくても、ＬＧＢＴに関する勉強会や映画鑑賞会を実施したり、プライドパレードに社員と共に参加したりすることで、サークル活動のようなイメージでＬＧＢＴのテーマに興味のある社員を集めることができます。その際、参加者とのディスカッションや懇親会を通じて課題を探り、次の活動につなげていきます。何度か集まっていると、参加者の中でリーダーシップを取る社員が出てくるはずです。その人にリーダー就任を依頼し、ＥＲＧの設立に誘導します。

2 活動の目的とゴールを明確にする

ＥＲＧを設立するメンバーが集まったら、ＥＲＧの活動の目的とゴールを決めます。その際、職場の課題とニーズに基づいて社員が主体的に取り組むことが必要ですが、人事やダイバーシティ推進担当者と共に企業として達成すべき目的や経営方針とすり合わせることも重要です。

現場目線で課題を見出し、課題解決のためにERGができることを実行することが主な役割であり、社員の声を代表して制度改善などの要望をあげる労働組合のような役割ではありません。ERGはあくまで企業の活動であること、予算内で活動することを明確にしつつ、「やらされ感」が出ないようなさじ加減がERGの主体性の鍵となります。

3 予算を立てる

最初から、企業ロゴやERG名の入ったおそろいのTシャツを作ったり、大規模なイベントを実施したり、LGBT団体が主催するイベントに協賛したりと大がかりにする必要はありませんが、ERGが目的達成のために動けるように、社外から講師を呼んだり、懇親会を開催したりする程度の資金は提供しましょう。人事やダイバーシティ推進の予算から捻出する他に、役員にERGのスポンサーとなってもらうことで、役員が活動の予算を提供する方法もあるでしょう。

また、ERGに参加する社員の勤務時間の扱いに関しても方針を決定する必要がありま す。ERGを業務時間外の任意の活動とする場合もありますが、上席者の承認を得たうえで毎月数時間の活動を勤務時間として申請できるようにするほうが、社員は活動に参加しやすくなります。

社員ネットワークの事例

ジョンソン・エンド・ジョンソン株式会社

米国本社でLGBTのERGが活動していることを知った日本のゲイ当事者社員とアライの発案により、ERGが立ち上がった。

ERGはLGBTにとってよりインクルーシブな職場を作るためにどうしたらよいかについて検討を重ねるコアチームと、活動を応援しサポートするアライメンバーで構成されている。定期的に、社外からLGBT当事者を招いた勉強会や、LGBT団体と協働したイベントをERG主催で実施し、メールや社内SNSを活用して幅広く告知している。

モルガン・スタンレー

名称を「プライド・アンド・アライネットワーク」とすることで、LGBT当事者かどうかを明らかにする必要なく参加できるようにした。「もっと当事者がネットワークに参加していれば、なにを望んでいるのか聞けるのに」という声も上がっていたが、「当事者が見えない」ことをネガティブにとらえるのではなく、「どうしたらネットワークとして当事者とアライの双方から信頼してもらえるか」という発想で活動している。

4 ERGを盛り上げる

ＥＲＧは、忙しい業務の中で時間を駆使しながら活動するため、少ない人数ではいずれ疲弊します。また、ＥＲＧに参加していると、「あの人は仕事が暇なのでは」「ちゃんと仕事をしているのか」というようなネガティブな意見を言う人も出てきて、メンバーのモチベーションが低下しかねません。

ＥＲＧの活動と意義を社内のサイトやニュースレターなどで幅広く紹介したり、人事部門やＥＲＧスポンサーの役員等からメンバーの上司に対してＥＲＧの活動と社員の貢献を報告する機会を設けたりしてみましょう。それにより、ＥＲＧの活動と意義に対する社内の認知度が高まり、ネガティブな印象を抑制することが期待できます。

ポイント⑦ ＬＧＢＴ当事者の意見を拾い上げる

LGBT当事者の意見を拾い上げる仕組みをつくろう

ＬＧＢＴに関する取り組みで難しいと言われるのは、社内における当事者の顔の見えにくさです。自分のセクシュアリティを隠しながら働いているＬＧＢＴ当事者は、カミングアウトにつながったり、当事者ではないかと疑われたりしてしまうことを避けるために、不満や差別の事実があっても意見を言いません。とくに、ＬＧＢＴに対する差別が存在する職場では、当事者が自ら発言する可能性はさらに低くなります。

だからこそ、問題やニーズを調査し、差別を解消するための施策を一刻も早く導入する必要があるのですが、何を必要としているのかを社内のＬＧＢＴ当事者に直接聞くことができないため、施策を導入する担当者は「本当にこれでよいのだろうか？」と不安になることがあるようです。

◎まずは情報収集から

現在は、日本でもＬＧＢＴ施策に取り組む企業が増えています。本書のような基礎知識と実践方法を紹介する書籍や巻末で紹介する参考資料、企業の人事や法務担当者向けのＬＧＢＴ研修やセミナーなどから、先進企業の取り組み事例の情報を得ることもできるようになっています。まずは、先進企業の施策とその効果、導入の際の工夫や課題などを情報収集し、実現可能な施策から導入してみましょう（90頁参照）。

◎既存の従業員意識調査を活用

すでに実施している従業員意識調査や満足度調査がある場合は、ＬＧＢＴに関する問題やニーズを汲み取るための質問を組み入れてみましょう。

ＬＧＢＴ当事者に向けた質問として組み込むのではなく、当事者でなくても答えられるように、職場に存在するＳＯＧＩハラなど差別の存在を問うような質問にすることも、回答率を上げる効果があります。ただし、ＬＧＢＴに限らず、会社が実施する調査には、個人が特定される不安を感じて正直に回答しない可能性も考えられるので、匿名性が担保されるように設計し、調査依頼の際に個人は特定されないことを明示しましょう。

◎匿名で意見を言える仕組み

職場や個人が抱える問題や改善策を無記名で投稿できる目安箱を設置し、ＬＧＢＴに関する意見にも対応することを記載する企業があります。

ただし、イントラネット上に目安箱を開設すると、ログインＩＤや使用しているコンピューターのＩＰアドレスを調べれば個人を特定できるのではという不安は消せません。匿名性を担保する方法として、社外から匿名で意見を投稿できる外部のサーベイサイトや、意見を紙に書いて入れる目安箱をオフィスの共有スペースに設置するなど、さまざまな工夫がみられます。

ポイント⑧　ＬＧＢＴ施策の成果を測る

ＬＧＢＴ施策の成果の測り方

ダイバーシティ推進の施策を導入した経験のある担当者であれば、「どんな成果が出たのか？」「ＫＰＩは？（Key Performance Indicators：重要業績評価指標）」という問いに悩んだ経験があるのではないでしょうか。

女性活躍推進法が施行されてから、301名以上の従業員を有する企業は、採用や従業員、管理職、役員の男女比率などを数値目標として設定し、行動計画を届け出ることが義務づけられています（今後、101名以上の従業員を有する企業に拡大予定）。

組織の中のマイノリティに焦点を当て、これまで見えにくかった課題や問題を解決することで違いをもつ社員に公正にチャンスが与えられ、評価されることで持てる力が最大限に発揮される。その結果として、目標値が達成されるのであればよいと思います。しかし、多様性を尊重する内面の変化が十分ではない状態で、数値を追うことが目標になってしまうと、特別扱いや逆差別ととらえられることで、マイノリティ属性をもつ社員を追い詰めてしまう危険性があります。

「女性管理職比率が高い企業の株価は高い」のような調査結果も目にします。女性管理職比率と株価の間にある一定の相関関係はあったとしても、株価が上昇する要因は他に多くあるため、因果関係の証明は難しいとされています。

ＬＧＢＴ施策に関しても同じことがいえます。ＬＧＢＴ施策の成果を測ることをさらに難しくしているのは、職場でカミングアウトしているＬＧＢＴ当事者が少ないことと、ＬＧＢＴ施策を導入する目的が当事者の働きやすさの改善だけでなく、ＬＧＢＴ当事者を取り巻く非当事者の従業員の理解という内面的な変化だからと言えます。だからこそ、以下のような数値は、KPIとして推奨できません。

【KPIとしてふさわしくない例】

✕カミングアウトしている当事者の数

測れませんし、測るべきではありません。カミングアウトはあくまで当事者の意思によって行われるもので、他者によって強制されるものでも、推奨されるものでもありません。LGBT施策の成果をカミングアウトの数で測ることは、会社がカミングアウトを推奨しているともとらえられます。

また、カミングアウトするかどうかは職場の理解だけでなく、さまざまな要因が複雑に絡み合う、とてもセンシティブなものです。一概に「カミングアウトしている当事者がいるから、LGBT施策がうまくいっている」とはいえないことに注意してください。

✕アライの数

理解促進のための研修の実施や、6色のレインボーグッズの配布は、アライの育成と可視化に一定の効果があり、LGBT当事者の勤続意欲を高め、アライをさらに増やすことが実証されています。アライの数を職場での浸透度の目安として把握する必要はありますが、施策の成果を測るために目標数値を設定し、アライの数を公表することには疑問があります。その理由は、何をもって「アライ」とするか、その定義が難しいことです（97頁参照）。

また、目標数値を設定すると、数値を達成しようとする意思が働き、「うちの部署は平均値より下だから、みんなアライになるように」といった強制によって、推進の趣旨が変わってしまう可能性があるので注意が必要です。

✕制度の利用者数

人事担当者が把握することにより、制度の浸透度や使いやすさを改善する目安にすることはできるかもしれません。しかし、社内における当事者の数を把握できない時点で、この数値をもって「多くの当事者に利用されている」と定義づけることはできません。また、利用状況がモニターされていることがわかった時点で、LGBT当事者が制度を利用する心理的なハードルが高くなります。

法的な婚姻関係にないパートナーを福利厚生制度に申請する際、パートナーの性別を不問とする企業も増えています。その場合、制度利用者の何割が同性パートナーなのかを把握することはそもそも不可能です。

施策の実践度と浸透度を測るＫＰＩ

「だからと言って、何の目標数値も設定しないのでは取り組みの必要性を説明できず、予算の獲得も難しくなる」という事情もあるでしょう。企業では、人・モノ・カネという限られたリソースをどのように配分するか、優先課題は何か、その成果は何かを常に問われます。その場合、施策の実践度と浸透度に対して目標数値を設定し、成果を測るのはいかがでしょうか。具体的には下記のようなものが挙げられます。

ＬＧＢＴに対する差別が存在する職場では制度は利用されにくいこと、アライがいる職場ではＬＧＢＴ当事者の勤続意欲が高まり、アライの行動が促進されることは実証されています。よって、下記のように実践度と浸透度をＫＰＩとすることで、性的指向や性自認、性表現に関わらず、誰もが働きやすい職場の醸成に向けた成果を測ることができるでしょう。

LGBT施策の成果を測る指標として推奨されるもの

- LGBT研修の実施回数と受講人数／比率
- 部門や組織ごとのLGBT研修の受講人数／比率
- 職位ごとのLGBT研修の受講人数／比率
- LGBT研修他、LGBT施策の認知度
- アライに求められる知識の理解度と、行動の実践度
- work with Pride PRIDE指標の施策リストの導入達成度

ポイント⑨ 理解促進のための啓発活動に取り組む

対外的な周知をはかる

企業は社内の環境を整備するだけではなく、取引先やコミュニティと対話をもち、社会に発信することが求められています（36頁参照）。社会に向けた啓発活動も、企業として取り組むべきLGBT施策の一つです。

企業が社外へ情報を発信するルートとして、外部向けのウェブサイトや会社案内、採用案内などがあります。経営理念やビジネスの報告に並び、多くの企業がダイバーシティ推進やCSR活動のあり方や具体的な施策について情報を掲載しています。そのようなサイトや冊子にLGBT施策に関して情報を掲載する際は、二つの視点が必要です。

第一に、企業がLGBT施策に取り組む意義と具体的な施策を公表することによる、社会の理解促進への貢献です。企業のLGBT施策に関しては、国内に情報がまだまだ少ないのが現状です。これから取り組みを始めようとする企業の参考になるように、LGBT施策に取り組む意義や、トップメッセージを掲載しましょう。LGBTに限らず、ダイバーシティ推進全体に取り組む意義を述べるのでもかまいません。

第二に、LGBT当事者の目線に立って、知りたい施策などの情報を掲載することです。カミングアウトをしていないLGBT当事者は、取り組みや制度などについて疑問や不安があっても、採用面接時に聞くことはできません。また、職場でカミングアウトしていないＬＧＢＴ当事者は、社内でイントラネットを使って情報を検索すると誰かに見られるのではないかと不安に感じて、必要な情報にアクセスできずにいます。取り組みや制度について上司や人事に聞くことによる不必要なカミングアウトを防止するためにも、社外でアクセスのできるウェブサイトなどから具体的な情報をある程度閲覧できるように整備しましょう（89頁参照）。

社外イベントへの参加・協賛

現在、ＬＧＢＴをテーマにしたイベントは全国各地で実施されています。その目的は、ＬＧＢＴなど性的マイノリティの存在を社会に広めることや、多様な性のあり方の祝福などさまざまです。企業は、そのようなイベントに社員が参加することにより、職場では見えにくい性的マイノリティの人たちを身近に感じ、社会の中で直面する課題やニーズを知る機会を増やすことができます。

また、企業がそのようなイベントに協賛、参加することで、社会におけるＬＧＢＴの啓発に貢献できます。ＬＧＢＴを自分とは関係ないことだと感じている人たちにとって、多くの企業がイベントに協賛することは、ＬＧＢＴは社会が取り上げるべき課題であるという認識をもつきっかけになります。さらに、企業がＬＧＢＴフレンドリーであること、ＬＧＢＴの人たちが必要としている商品やサービスについて発信することは、企業イメージの向上にもつながります。

ただし、このようなイベントを単なる商機としてとらえることには危険が伴います。企業の商品やサービスの宣伝だけが目的となっていたり、ＬＧＢＴ当事者のニーズにそぐわない、もしくは社会への啓発活動というイベントの本来の目的とは関係のないメッセージを発信したり、自社内にＬＧＢＴに関する施策を何も導入していなかったりすると、逆に反感や批判を招くことになります。マーケティングや営業の観点からだけではなく、人事やダイバーシティ、ＣＳＲ推進組織の観点からも、社会に与える影響を確認するなど、関連部署との連携は欠かせません。

しかし、社内の取り組みが不完全だからといって、このようなイベントに参加、協賛することに尻込みする必要はありません。このような機会を利用して、参加する社員やスタッフにＬＧＢＴについて知るための勉強会や研修を実施したり、経営層からの応援メッセージを発信したりと、ＬＧＢＴ施策を開始するきっかけにしましょう。また、ブースを出展する場合、自社の商品やサービスに対するＬＧＢＴ当事者のニーズに関してヒアリングやアンケートに協力してもらうことにより、自社のビジネスに貢献することもできます。ぜひ、積極的にこうした機会を活用してください。

取り組みを評価する指標への応募

ダイバーシティ推進に関する取り組みを評価する指標は、日本国内に複数存在します。経済産業省と東京証券取引所が共同で、女性活躍推進に優れた上場企業を選定する「なでしこ銘柄」や、経済産業省がダイバーシティ推進を経営成果に結びつけている企業を選定する「新・ダイバーシティ100選」には、ＬＧＢＴ施策の取り組み状況が質問紙に含まれます。

このような評価に応募する意義の一つに、自社がダイバーシティ推進に優れた企業であることを社会にアピールし、企業イメージの向上や人材の獲得につなげることがあります。また、公表されたデータは、これから取り組みを開始する企業にとって大事な情報源となり、ダイバーシティ推進の取り組みを社会に広げるという意義があります。

ＬＧＢＴ施策に特化した評価指標には、任意団体 work with Pride（ｗｗＰ）が２０１６年から実施する「ＰＲＩＤＥ指標」があります（32頁参照）。「行動宣言」「当事者コミュニティ」「啓発活動」「人事制度・プログラム」「社会貢献・渉外活動」という5つの評価指標ごとに複数の施策が評価項目として設定されており、達成している項目の数をもとに、ゴールド、シルバー、ブロンズの3段階で評価されます。評価指標ごとに二つ以上の評価項目を達成できていればよいので、受賞のハードルはさほど高くは

企業ができる社会に向けた啓発活動

外部向けのウェブサイトや会社案内、採用案内を通じて発信する

自社のLGBT施策に取り組む意義や、具体的な施策を公表しよう

社外イベントに参加・協賛する

LGBTイベントの例

- さっぽろレインボープライド（札幌）
- TOKYO RAINBOW PRIDE（東京）
- NLGR+（名古屋）
- RAINBOW FESTA!（大阪）
- 九州レインボープライド（福岡）
- ピンクドット沖縄（沖縄）

など

取り組みを評価する指標に応募する

LBGT施策に特化した評価指標

- PRIDE指標

LBGT施策の取り組み状況も評価される指標

- なでしこ銘柄
- 新・ダイバーシティ100選

ありません。

ただし、「なでしこ銘柄」や「新・ダイバーシティ100選」に求められる施策の実施状況や達成度合いを証明する情報の開示が、「ＰＲＩＤＥ指標」には求められていないため、評価項目には自己評価で答えることができ、審査をする任意団体が回答の是非を判断するため、実態は確認されず、施策の質は評価されません。ＬＧＢＴ施策に取り組む企業のすそ野を広げることが目的でもあるため、前述の通り、達成しやすい評価基準となっていることも指標の精度を下げている原因です。ＬＧＢＴ当事者が就職先の企業を選ぶ際に、「ＰＲＩＤＥ指標」の受賞企業がＬＧＢＴフレンドリーであり、安心して働ける職場だと判断できるようにするには、評価基準と精度を見直す必要があるでしょう。

企業にとっては、ＰＲＩＤＥ指標の評価項目を自社の施策を推進するためのガイドラインやチェックリストとして活用することができます。また、応募企業の中から選定されるベストプラクティスの事例を参考に、自社の施策を設計することもできます。これからＬＧＢＴ施策に取り組む場合は、すぐに応募するかどうかに関わらず、応募用紙を確認することをお勧めします。次に取り組むべき施策が見えてくるでしょう。

第3章

テーマ別に考える「具体的な対応」

職場でLGBT施策を実施していくための「枠組み」を
どのように構築していくか、お話ししてきましたが、
本章では、より個別・具体的な事案への対応を
適切に進めていくポイントを解説していきます。
なんらかの声が寄せられたとき、
あるいは声なき声を汲み取り、対応を進めていくうえで
心得ておきたいこと、注意すべき点は
どこにあるのかを押さえておきましょう。

LGBTに関する企業指針を明確に打ち出す

企業指針の策定を通じて取り組みの理由を明確にしよう

前章では、職場でLGBT施策を進めていくためにどのように組織づくりを行い、またどのように関係者を巻き込んでいけばよいかということについてお話ししました。本章では、具体的な取り組みのためのポイントを解説します。取り組むべき施策として、①トランスジェンダー社員のためのソフト面とハード面からの職場環境整備、②同性パートナーをもつ社員のための福利厚生制度とその他の配慮、③募集・採用、人事異動、雇用の終了までの人事ライフサイクル別に留意すべき事項、④ハラスメントを防止するための体制整備を取り上げます。

ただ、これら各種LGBT施策を効果的に進めるには、取り組みを開始するにあたって、取り組む理由を企業指針の策定を通じて明確にし、これを周知し、かつこうした施策を断固として推進する姿勢を示すことが有効です。そうしてはじめて取り組みに対して、社員をはじめとする内外のステークホルダーからの信用を得ることができます。指針・姿勢の裏付けのない社内の取り組みは、方向性と推進力を失い、画餅に終わってしまいます。

ポイントは「差別禁止」＋「ダイバーシティ&インクルージョン」

では、企業が指針を策定するポイントについて考えていきましょう。

企業におけるＬＧＢＴ施策の基盤となるのが差別禁止、差別を許さないという姿勢です（第2章65頁参照）。先行事例をみると「性的指向・性自認を理由とする差別とハラスメントの禁止」を主軸に据えたうえで、企業倫理・行動基準の一内容として、「差別・ハラスメントの防止」や「人権の尊重」に関する規程、項目等に定めている例が多いようです。

たとえば野村グループ倫理規程第12条は、「野村グループは、人権、多様性、異なる価値観を尊重し、野村グループと関係を持つ全ての人々に対し、いかなる場合においても敬意をもって接するものとする。また、国籍、人種、民族、性別、年齢、宗教、信条、社会的身分、性的指向、性同一性、障がいの有無等を理由とする、一切の差別やハラスメント（いやがらせ）を行わないものとする」と定めています。

なお規定にあたっては、いずれか一方が対象となっていないとの疑義をもたれないようにするため、性的指向、性同一性（性自認）双方の項目について明記し、すべての性的マイノリティの当事者が対象になることを明確にしておくことが重要です。また、かかる指針を踏まえ、安全な職場環境を構築する企業の義務という観点から、差別・ハラスメントの禁止について、より具体的に就業規則（就業規則とは別に「ハラスメント規程」などを定めている場合は当該規程）に落とし込むことを検討する必要もあります（65頁参照）。

安全な職場環境の提供を通じた社員の能力の発揮・生産性の向上といった「ダイバーシティ＆インクルージョン」の観点から定めることも必要です。たとえばＮＴＴコミュニケーションズは、「ダイバーシティへの取り組み」中「ＬＧＢＴ等性的マイノリティ社員の活躍のために」と題する項目において、「性的指向や性自認に関わらず、だれもが自分らしく生き、働ける組織、社会の実現をめざして、多様性受容、能力の最大化に対する意欲の向上と効率的な働き方を可能とする環境づくりを推進しています。」と規定しています。

いずれにせよ「差別禁止」と「ダイバーシティ＆インクルージョン」はそれぞれ目的・効果・対象者が異なることから、いずれか一方ではなく、ＬＧＢＴに関する企業指針として双方を規定することが望ましいといえます。

望ましい策定方法・周知方法とは

策定にあたっては、担当部署と責任者を指名し、社内関係者や専門家のヒアリングを含む必要な情報の収集・分析を行ったうえで提言をまとめ、ＬＧＢＴに関する指針を企業として正式に採用することを明確にするため、ガバナンス上、取締役会等の会社機関において審議し、また報告・決議を行うことが望ましいといえます。

指針策定にあたって盛り込むべき事項については、work with Pride（ｗｗＰ）のＰＲ

「Policy：行動宣言」評価項目

PRIDE指標の１つ、「Policy：行動宣言」では、以下の８項目のうち２項目以上を満たすことを求めている。

- □ 会社としてLGBTなどの性的マイノリティに関する方針*を明文化し、インターネット等で社内外に広く公開している
- □ 方針に性的指向という言葉が含まれている
- □ 方針に性自認という言葉が含まれている
- □ 会社の従業員に対する姿勢として定めている
- □ 従業員の行動規範として定めている
- □ 採用方針として学生等に伝えている
- □ 経営トップが社内外に対し方針に言及している
- □ お客様・取引先に対する方針を明文化し公開している

＊ 性的指向、性自認（または、同等の意味をもつ別のこと）に基づく差別をしない（または尊重する）。単独の方針でも、行動規範や人権方針、ダイバーシティ宣言などの一部に含まれていてもよい

ＩＤＥ指標の一つである〈Policy：行動宣言〉評価指標の評価項目が参考となります。

具体的な事例については、経団連の報告書「ダイバーシティ・インクルージョン社会の実現に向けて」[*1]掲載の95社の具体的な取り組み事例、work with Prideが２０１６年以降毎年発行しているＰＲＩＤＥ指標レポート[*2]所収のベストプラクティスをご参照ください。

周知方法については、それぞれの指針の性格に応じて、適切に実施する必要があります。企業倫理・行動基準やダイバーシティ＆インクルージョン宣言であれば、その遵守は企業と社員が行うものであるとしても、企業として広く社外に公開することによって、求職者、顧客、取引先などのステークホルダーに広く企業としての姿勢を明らかにしておくことが有効と考えられます。

また、単に指針の内容を公開するにとどまらず、社長メッセージ等のトップからの声をあわせて公開したり、ＬＧＢＴ施策に取り組む理由と具体的な実施施策を説明した「ＬＧＢＴへの取り組みについて」と題するプレスリリースやウェブページを構築したりすることを通じて、より効果的な情報発信を行うことが可能となります。

企業・社員の行動基準という観点からは、当該基準を社員に配布し、コンプライアンス・マニュアルなどに盛り込むとともに、研修を定期的に実施することが必要となります。

＊１「ダイバーシティ・インクルージョン社会の実現に向けて」 https://www.keidanren.or.jp/policy/2017/039.html
＊２ https://workwithpride.jp/pride-i/

施策構築・企業対応の基本

「四つの前提」と「二つの観点」を踏まえる

施策構築にあたっては、以下で紹介する「性的指向・性自認に関する四つの前提」と「対応のための二つの観点」をきちんと踏まえることが必要です。

ＬＧＢＴ当事者は、その性的指向と性自認がマジョリティと異なることから、多くの困難に直面しています。したがって、施策構築にあたっては性的指向と性自認についての正確な理解が欠かせません。正確な理解のないままの施策構築はかえって有害なものとなる懸念があります。また、性的指向と性自認に関する四つの前提を踏まえて施策構築をするにあたって欠かせない観点が二つあります。一つはＬＧＢＴ社員が、その性的指向・性自認のゆえに職場で直面する困難について「合理的な配慮」を行うという観点、もう一つは、ＬＧＢＴ社員に対する「差別を解消する」という観点です。

この前提と観点は、具体的なクレームやトラブルへの対応においても有効です。社員・顧客に関わらず、当事者に対する対応を一歩誤ることにより、事態が長期の紛争に発展し、また、対外的信用に関わる報道・ＳＮＳ等の炎上という事態を招きかねません。どのような事例であっても、この前提と観点を踏まえることにより、多くの場合、紛争やレピュテーション・リスク（信用・評価の低下）を適切に防止することができます。

性的指向と性自認（SOGI）に関する四つの前提とは

性的指向・性自認（SOGI）に関する企業施策構築にあたって、押さえておきたい四つの前提は次のとおりです。

1 SOGIは重要な人格的利益であり、個人の意思・努力によって変えられない本質的な属性である

性別は、社会生活・人間関係における個人の重要な属性として、現代社会に深く根づいています。性自認に沿って生きることは重要な人格的利益であり、性的指向もいかなる人と親密な関係をもつのか、もたないのかという個人の人格の根本に関わる問題です。

SOGIは、単なる趣味・嗜好の問題ではなく、本人の意思でいかんともできるものではありません。したがって、職場や商品・サービスの提供にあたって本人の性自認・性的指向と異なる対応を行うことは、本人にとって多大の精神的苦痛をもたらすことから、精神的疾患の原因となったり、退職、商品・サービスの不買という事態に発展する可能性があるほか、重要な人格的利益に関わるからこそ、いったんこじれると紛争が長期化しま

す。ＳＯＧＩに関する対応については、本人に寄り添った慎重な対応が必要です。

なお、性自認にかかる問題と性的指向にかかる問題を間違えないようにすることが非常に重要です。性自認は、自己の性別をどのように認識しているかという問題です。性的指向は、恋愛感情または性的感情がだれに向いているのかという問題です。性自認が問題となるトランスジェンダーの方と性的指向が問題となるゲイ・レズビアンの方とではそれぞれが社会や職場において直面する困難が異なり、それによって適切な施策や対応が異なります。また、ＳＯＧＩは多様であるがゆえに、個別事情を踏まえた対応が必要になることも十分留意する必要があります。

2 ＳＯＧＩはセンシティブ情報である

ＳＯＧＩについて無理解、偏見、差別が存在していることは、裁判例・報道事例（27頁、30頁参照）からみれば、厳然たる事実です。ＳＯＧＩが重要な人格的利益であることとあわせて考えれば、ＳＯＧＩについては本人のみが開示するか否か、いかなる範囲で開示するかの決定権を有すること、また、企業がＳＯＧＩ情報を取得した場合には、人種、信条、社会的身分などと同様に、本人に対する不当な差別、偏見、その他の不利益が生じないよう、取扱いにとくに配慮をしなくてはいけないセンシティブ情報であるとの前提で対応することが極めて重要です。

3 ＳＯＧＩは多様である

ＬＧＢＴは性的少数者の総称にすぎず、性的指向・性自認のあり方は、性的指向が男女両方に向く人（バイセクシュアル）、いずれにも向かない人（アセクシュアル）、性自認が男女いずれにも規定されない人（Ｘジェンダー）など多様です。企業対応にあたって大事なことは分類することではなく、それぞれの個性に応じた適切な対応をすることです。とくに個別の紛争については、類型的な対応によってかえって事態を悪化させるリスクがあることに留意する必要があります。

4 マジョリティと異なるＳＯＧＩであることは疾病ではない

マジョリティと異なるＳＯＧＩを有することを疾病とみなし、矯正の対象とすべきとの考えが、偏見・差別を生み、歴史的に多くの悲劇をもたらしていました。ＷＨＯ（世界保健機関）は、１９９０年、『疾病及び関連保健問題の国際統計分類』（ＩＣＤ）から同性愛（homosexuality）の項目を削除し、「同性愛は治療の対象にはならない」と付記、また２０１９年には性同一性障害を「精神疾患」から除外し、医療サービスの対象となる「性の健康に関する状態」のなかの「性別不合（Gender Incongruence）」に変更しています（２０２２年１月発効）。

企業対応にあたっては、社員一人ひとりのＳＯＧＩのあり方に対応する配慮が求められることは前提としつつも、マジョリティと異なるＳＯＧＩを有することは疾病ではなく、本人の人としての自然な属性であるという前提で対応をすることが肝要です。

対応のための二つの観点

企業施策の構築、職場環境の整備、また個別具体的な問題への対応については、ＳＯＧＩに関する四つの前提を踏まえて、①合理的な配慮を行い、また、②不当な差別を解消するという二つの観点に基づいて対応することが有効です。

1 合理的な配慮について

障害者雇用促進法に基づく合理的配慮提供義務と同法に基づく合理的配慮指針*が参考となります。ＬＧＢＴ施策構築の観点から整理すると、第一に本人の意向を十分に尊重し、十分な話し合いを行うこと。当事者・本人が直面する困難について単なる事情聴取にとどまらない理解と対話の場をもつことが重要で、必要に応じて専門家との相談を行うことも有効です。

次に、募集・採用にあたっての均等な機会確保や職場における均等な待遇の確保、さらに本人の有する能力の有効な発揮の支障となっている事情を改善するための諸施策を講じ

＊ https://www.mhlw.go.jp/stf/houdou/0000078980.html

る必要があります。具体的な諸施策については本章の各論稿を参考としてください。

なお、障害者雇用促進法では、過重な負担に該当する措置をとる義務がないことが規定されていますが、安易にそう結論づけることなく、本人との話し合い、その意向を十分に尊重し、また中長期的な観点から実行可能な諸施策を検討することが求められます。

2 差別解消について

募集・採用、職場待遇の各場面について、関連事項を洗い出し、性的指向・性自認を理由とする不当な差別的取扱いの有無を検討することが有効です。

職場での待遇については、男女雇用機会均等法に基づく性差別禁止項目が参考となります。（ア）労働者の配置（業務の配分及び権限の付与を含む）、昇進、降格及び教育訓練、（イ）福利厚生の措置、（ウ）労働者の職種及び雇用形態の変更、（エ）退職の勧奨、定年及び解雇並びに労働契約の更新の各項目について、本章論稿を参考にご検討ください。

検討にあたっては、①性的指向・性自認を理由として異なる取扱いを行っていないか、②そのような取扱いをすることに合理的な理由があるのか、③異なる取扱いをする理由は業務遂行能力・適性と関連するものか否かという各点について説明責任を果たせるようにしておくことが必要です。

なお、２０１８年、東京都は「オリンピック憲章にうたわれる人権尊重の理念の実現を目指す条例」を制定し、事業者は性自認、性的指向を理由とする不当な差別的取扱いをしてはならないと定めるとともに、その事業活動に関し、差別解消の取組を推進することを義務づけていることにも留意が必要です。

トランスジェンダー社員のための施策・対応

「うちの職場にはいない」と言う前に

ＬＧＢＴのうち、Ｔ、すなわちトランスジェンダーへの支援については、「うちの職場にはトランスジェンダーなんていないから必要がない」という声も聞かれます。トランスジェンダーは人口の０・７〜１・８％*との調査もありますが、入社時にトランスジェンダーであると言わず／言えずに、数年、数十年と就労をする人は少なくありません。そのため、カミングアウトをしているトランスジェンダーがいなくても、職場にトランスジェンダーの人がいる可能性は十分に考えられます。トランスジェンダーの社員のための施策と対応の進め方について、まずは概略をみていきましょう。

原則は個別対応だが、その前にできることも

前提として、トランスジェンダーの社員で直面する課題は個人の状況により異なり、さらに、個人により求めている対応やその優先順位は異なります。だからこそ「原則、個別対応」で対応をすることが求められています。一方で、だれかから相談があるまでは施策

＊「大阪市民の働き方と暮らしの多様性と共生にかんするアンケート」（大阪市）、「LGBTに関する職場の意識調査」（連合）による

は進めなくてよい、というわけではありません。

トランスジェンダーであるとカミングアウトをしている社員がいてもいなくても、できる対応が二つあります。

一つ目は、啓発等による差別的言動やハラスメントがない風土づくりです。とくに人事や上司等、相談を受けやすい立場への啓発がハラスメントを生まない対応につながります。

二つ目は、社員からトランスジェンダーであるとカミングアウトを受けた際に、どのように対応できるか／できないかを事前に検討しておくことです。たとえば、当人からトイレ利用について相談を受けた場合、それから検討をしているとその間はトイレが利用できません。そのため、適切な対応のためのガイドラインを事前に作成しイントラネット等で共有している企業もあります。これらはトランスジェンダーの社員が働くうえでの安心につながることはもちろん、カミングアウトを受けた上司や人事担当者の拠り所にもなります。個人の理解度や判断によらず適切な対応ができ、ハラスメントのリスクを下げることにもつながります。

「性同一性障害」の診断書の有無は問わない

性同一性障害の診断書は原則、トランスジェンダー男性とトランスジェンダー女性しか取得できず、Xジェンダーの人たちは取得できません。また、医学療法（ホルモン投与や性別適合手術）や法的措置（戸籍名や戸籍上の性別の変更）を望む人もいれば、望まない人や、望んでも健康上の理由等からそれが叶わない人もいます。さらに、診断書があるから本人の希望に添えるかというと、組織の中では難しい課題も出てくることが想定されます。また、診断書がないから当事者へ対応ができないということもありません。そのため、職場として対応をするかどうかは、診断書や医学療法、法的措置の有無を判断基準にせず、本人のアイデンティティに沿い対応を進めることが求められます。人事担当者及び上司は、トランスジェンダーの社員と周囲の社員の折り合いをつけ、円滑な職場運営に向けて努力していくための調整を行う必要があります。

トランスジェンダーが職場で困ること

トランスジェンダーの社員が職場で困ることはさまざまで、個々人の状況や、職場の体制により困りやすいことや求める対応は異なります。一般的にトランスジェンダーの職員が困りやすいことについて、以下項目ごとに記載します。

1 通称性の使用について

前述のとおり、戸籍上の性別を変更するには性別適合手術等さまざまな要件があり、本人が戸籍上の性別変更を望んでいたとしても、それが叶わない場合があります。また、本人がそれらの要件から戸籍上の性別変更を希望しない場合もあります。そのため、戸籍上の性別と異なる自認する性別で働きたい、社内で使用される性別も自認する性別に変更したい、と希望することがあります。

要望があった場合、法令等で戸籍性の使用が必要とされるものは除き、社内のシステムやメールの宛名、社員カード、名刺などには「通称性」を使用することにより、本人の自認する性での勤務の実現に向け、対応していきましょう。

2 通称名の使用について

「○○子」「○○男」などのように、性別が判別されやすい名前をもつトランスジェンダーの人は、性別違和や生活上の困難を解消するため通称名の使用を希望することがあります。とくに通称名使用が希望されるものには、名刺、名札・社員証、入館証、メールアドレス、表示義務のある職務上の資格掲示、社員名簿等があります。これに対しては、婚姻した人等への旧姓使用や、主に在日外国人へのミドルネームや通名使用にすでに対応している場合には、同様のスキームでの対応が可能か、検討できるでしょう。

3 制服や服装について

性別違和や生活上の困難を解消するため、性自認に合う制服や服装の着用を希望する場合があります。性自認と合った制服や服装を着たいという申し出があった場合、本人の要望を傾聴しながら対応を進めることが望ましいでしょう。

また、日頃からできる対応として、全体的なルールの見直しも重要です。女性のみ制服がある、男女で色やデザインが異なるなどの制服が業務上必要かどうかの検討も重要です。また服装規定も「男性」「女性」と性別で分けるのではなく、「スカート着用の際は～」などアイテムで分けて記載する事例もあります。

4 トイレについて

トイレに関して困ったり、ストレスを感じたりしているトランスジェンダーの人は64・9%にのぼっています。トイレが使えない・使いづらいことから、膀胱炎《ぼうこうえん》や下痢、便秘、尿もれなどの排泄障害を経験しているトランスジェンダーは21・8%にものぼります。* 心身の健康にも影響する重要な事柄です。性自認に合うトイレを使用したい人、性別を問わず利用できる「だれでもトイレ」を使用したい人、戸籍上の性別のトイレ使用でかまわないと考える人など、トランスジェンダーでもトイレ利用に関する希望はさまざまですので、まずは本人の希望を傾聴することが大切です。

なお、トイレはさまざまな人が使用するため、本人の希望だけでなく、周囲の理解の状況や現有設備の状況により、調整が必要になることが想定されます。そのような状況の場

＊ 特定非営利活動法人虹色ダイバーシティ、株式会社LIXIL「性的マイノリティのトイレ問題に関するWEB調査結果」2016年

合は、理解促進のための施策として継続的な研修実施等を行うこと、本人と相談しながら折衷案を検討することなどが大切です。

5 健康診断について

集団で健康診断を行うことにより身体を見られることや、男女で分けて健康診断を実施する場合に性自認と異なる性別で受診をしなければならないなど、健康診断での困りごとはたくさんあります。必要に応じて別の日での個別検診を許可する、本人が希望した場合は、トランスジェンダー対応が進んでいる別医療機関での検診を許可するなどの対応を検討してください。

6 更衣室、シャワールームなど

男女で分けられた更衣室・シャワールームの使用に困難を感じたり、「周囲に身体を見られたくない」という思いから、集団で更衣室・シャワールームを使用することへ抵抗感を抱えているトランスジェンダーは少なくありません。

更衣室の改善例としては、個室の更衣室を設ける、男女で分けられた更衣室の中にカーテンで区切られた着替えスペースを設ける、大きめのトイレの個室に着替え台を設置するなどがあります。シャワールームは、扉つきのシャワーブースの設置やシャワー扉の前に不透明な浴室用カーテンを設置することで、外からシャワーを浴びている姿が見えないようにする、使用する時間帯を分けるなどの対応があります。

7 寮・社宅、宿泊行事

男性寮・女性寮と性別で分けられている寮や社宅で暮らすことが苦痛であることもあります。トランスジェンダー社員に限らず、寮や社宅への入居を強制しない、希望する従業員が借り上げマンションに入居できるようにするなどの対応を検討することができます。

また、研修時の宿泊も男女で分かれた大部屋や相部屋だと困ることがあります。また大浴場しかない場合、お風呂に入れないこともあります。必要に応じてシャワーがついている個室を用意することが望まれます。

8 通院や手術について

ホルモン療法を受けている場合、数週間に一度のホルモン投与が永続的に必要です。また、性別適合手術等の手術を受ける際は数週間から数ヵ月程度の休みが必要になります。通院への配慮は、糖尿病や人工透析等、継続的な長期療養が必要な持病への配慮と同様に考え対応することができます。また、性別適合手術の際は私傷病と同様に考え対応することができます。

9 長期出張、国内転勤、海外赴任について

海外出張や赴任においては、トランスジェンダーであることで、刑罰の対象となる国が存在するため、必ず最新情報を確認してください（57頁参照）。

また、先に述べたとおり、数週間に一度の定期的なホルモン投与を必要とする人もいます。転勤や長期出張の際に何か配慮が必要か、本人に定期面談等で確認をしておくことが望ましいでしょう。実際に転勤や長期出張が決まれば、現地の医療機関との連携が必要になることもあります。事前相談を行い、異動するまでの時間に余裕をもたせるようにしてください。また、医療機関との連携が難しい場合は、本人の健康・安全面を基準に判断してください。

具体的な対応は、本人と対応チームで相談しながら決める

トランスジェンダーの社員への対応は、「本人と対応チームで検討し、決定」していくのが原則です。

1 本人からの申し出・相談があれば対応開始

原則として、上司や人事担当への本人からの申し出をもって対応開始となります。現段

階で困りごとや求める対応があるか聞いてください。現段階で困りごとや求めている対応がない場合は、周囲への情報共有や、以降の項目の実施は必要ないでしょう。

現段階で困りごとや求める対応がある場合には、ＬＧＢＴに関する相談の担当者（人事等）との共有をはかります。ただし、共有する前に、必ず本人に事前確認をしてください。

2 担当者から本人に連絡

社員からトランスジェンダーとして相談を受けた場合、または、相談を受けた上司が人事担当者に報告した場合、現時点で職場での対応を希望しているケースにおいては、状況とニーズの確認をする必要があります。このため、人事担当者から本人に連絡し、今後の対応の流れを説明するとともに、ヒアリング実施前に本人の意向をまとめておいてもらうとよいでしょう。そのためのツールとして本人記入用のヒアリングシート*（「虹色ダイバーシティ」のＨＰからダウンロードし、印刷して使用可能）が便利です。事前に記入してもらうことでスムーズにヒアリングを進めやすくなるでしょう。

なお、本人記入用シートを渡す際には「記入したくない内容については空欄でかまわないこと」を、ヒアリングのときには「話したくない内容は話さなくてもよいこと」を伝え、また、いずれの場合でも「回答がないことによって、今後の取り扱い等が不利になることはないこと」を明示するようにしましょう。

＊ 虹色ダイバーシティ「ヒアリングシート」http://nijiirodiversity.jp/tghearingsheet/

ヒアリング実施前に確認しておくこと

1 相談者情報

所属先、希望する面談の頻度のほか、性別、性自認、性表現（服装、話し方、働き方）、連絡方法など

2 本件の共有範囲

人事、上司、同僚、顧客、家族などについて、共有しているか、共有を望んでいるか

3 どのようなことに対し、どのような対応を望んでいるか

1 服装・髪型などについて
2 通称名の使用・表記
3 通称性の使用・表記
4 周囲の理解・カミングアウトの範囲
5 トイレの使用
6 健康診断
7 宿泊施設・風呂・シャワー・更衣室などの使用
8 寮の使用
9 勤務地・長期出張について
10 （医療的な処置などに関する）通院への配慮・処置にまつわる休暇・手術後の処置
11 その他

（日本能率協会マネジメントセンター『トランスジェンダーと職場環境ハンドブック』を元に作成）

任意回答として確認しておくこと

医療的措置等について求める配慮の有無

診断書や医療的措置の予定/実施の有無と職場へ求める配慮の有無
戸籍名や戸籍性の変更の予定の有無と職場へ求める配慮の有無　など

3 対応チームのメンバー選定

「本人記入用シート」の記入後、本人が要望する情報共有範囲で、かつ困りごとへの対応について検討するのに必要十分な対応チームを策定します。トランスジェンダーの社員が職場で直面する問題は個々にニーズが異なるため、原則的に個別対応となり、多面的なサポートが必要になります。また、当初からあまり多い人数に設定をするとアウティングのリスクが高まるため、最低限の人数で設定するほうがよいでしょう。

4 本人と対応者の面談を設定

本人と対応チームの面談を設定し、状況やニーズの確認をします。面接設定時は以下について配慮してください。

◎面談は個室の会議室を確保し、プライバシーを守る
◎社内の人も見られるスケジューラー等で「性別の変更についてのミーティング」などと記入してしまうと、アウティングにつながるので、十分注意する
◎「本人記入用シート」への記入・提出を依頼しておく

5 面談実施

「本人記入用シート」の提出があれば、それに基づき、本人の要望を対応チームのメンバーがヒアリングします。とくに初回は、対応チームのメンバー全員が参加することが望ましいです。業務上、困難な場合は結果を後日共有してください。

性別適合手術などの医学療法や法的措置を希望しているであろうことを前提として議論を進めることは控えてください。とくに性別適合手術の有無は、聞き方によってはセクシュアルハラスメントになってしまう場合もあることに留意しましょう。

聞き取った内容や決定事項は要点をまとめておきます。本人記入用と同様にダウンロードできる人事担当者用のヒアリングシート*が便利です。これらに記入し、互いの合意形成や中長期的対応に活用していきましょう。

6 必要に応じた継続的な面談実施

一度の面談で対応ができなかったり、困難解消に向けて継続対応が必要になったりすることもあります。その場合は、4、5をくり返し実施してください。

＊ 虹色ダイバーシティ「ヒアリングシート」http://nijiirodiversity.jp/tghearingsheet/

性同一性障害者特例法の要件とその問題点

戸籍上の性別を変更できない状況が続いていた日本ですが、２００４年にこれを可能とする唯一の法律として、性同一性障害者の性別の取扱いの特例に関する法律[*1]（性同一性障害者特例法）が施行されました。

この法律は、性同一性障害を抱える人々が、同法３条１項に定める要件（①20歳以上であること、②現に婚姻をしていないこと、③現に未成年の子がいないこと[*2]、④生殖腺がないこと又は生殖腺の機能を永続的に欠く状態にあること、⑤その身体について他の性別に係る身体の性器に係る部分に近似する外見を備えていること）を満たす場合に、家庭裁判所が性別変更の審判をすることをできるようにしており、審判により、民法その他の法令の適用について、他の性別に変わったものとみなされます。

しかしながら、特例法の定める要件については、海外の諸法制と比べても厳しいものとなっています[*3]。外科手術を受けることを要件（上記④及び⑤）としていることに関していえば、性別変更を求める人々すべてが外科的に性別適合手術を希望しているわけではなく、かかる手術を希望する場合でも、手術に関する経済的負担や生命・身体への負担・危険なども含まれる点に関して強い批判があります。

また、④の要件の合憲性が問題となった最高裁判所の決定（平成31年１月23日[*4]）におい

＊１　平成15年７月16日公布、平成16年７月16日施行

＊２　当初「現に子がいないこと」とされており、裁判においても憲法に違反するものとはいえないとされていたが（最決平成19年10月19日）、要望を受け、平成20年に「未成年の子」と改正されている

＊３　外科手術を受けることを要件としていない国の例として英国、アイルランド、デンマーク、マルタ、アルゼンチンなどがある［石田仁（2019）「はじめて学ぶLGBT」］

ても、性同一性障害者によっては、生殖腺除去手術まで望まないのに変更審判を受けるためにやむなく同手術を受けることもありえ、その意思に反して身体への侵襲を受けない自由を制約する面もあることなどが指摘されているほか、他の要件に関しても種々の議論がなされています。[*5]

企業としては、トランスジェンダー社員が戸籍上の性の変更を望んでも、法律上は決して容易ではないことを十分理解して対応に取り組む必要があります。

トランスジェンダーをめぐる裁判

事業主は、職場環境配慮義務や安全配慮義務を負っています。[*6] トランスジェンダー社員が直面する困難に適切に対応し、性自認に沿った制度・環境の整備を怠ることは、大きなリスクを伴うのみならず、優秀な人材を獲得し、その社員の実力をフルに発揮してもらう意味でも、企業にとって大きなロスとなります。

ここでは、実際の裁判例を紹介するとともに当該事例からの教訓について触れたいと思います。

1 服装に関して問題となった事案（S社性同一性障害者解雇無効事件）

性同一性障害の社員（ＭｔＦ[*7]）が女性の容姿で出勤したことに対して業務命令で女性の

＊4 上記④の要件について「現時点では憲法13条、14条１項に違反するものとはいえない」とする決定だが、補足意見では「憲法13条に違反するとまではいえないものの、その疑いが生じていることは否定できない」と指摘している（209頁参照）
＊5 藤戸敬貴（2017）「性同一性障害者特例法とその周辺」 ＊6 労働契約法第３条４項、第５条
＊7 トランスジェンダーの女性、Male to Femaleの略

容姿をやめるよう命じ、それに従わなかったことなどを理由に懲戒解雇をした事案について、裁判所は、当該企業が当該従業員の性同一性障害に関する事情を理解し、適切な対応やするべき努力をしておらず、かつ、当該企業の業務内容、就労環境等について、適切な配慮をした場合でも当該企業の秩序又は業務遂行に著しい支障を来すとも認められないことから懲戒解雇を無効としています（191・212頁参照）。

事業主は、職場環境配慮義務等を負っています。適切な配慮、話し合いや調整を経ることが重要なポイントとなっており、周囲の違和感・嫌悪感、職場の混乱等抽象的な概念に基づき、一方的に処分を行うことは法的リスクが高いものといえます。

2 施設利用に関して問題となった事案（経済産業省事件*）

性同一性障害で、戸籍上は男性のまま女性として勤務する経済産業省職員が（ＭｔＦ職員、健康上の理由で手術は受けられない）、「戸籍を変更しなければ、女性用トイレの通常使用などは認めない」とした同省の対応は不当だとして、国に処遇改善と損害賠償請求を求めており、２０１９年10月現在裁判は継続しています。

事業主の職場環境配慮義務等からすると、適切な配慮、話し合いや調整を経ることが重要なポイントとなることは施設利用に関する事案についても同様ですが、服装に関する事案と比較すると、トイレ等の施設はより性別による区別が認識されやすく、ＭｔＦの従業

＊ 2015年11月13日東京地裁に提訴

員が女性用トイレを使用することへの要請も高いことがうかがわれます。

原則的には、ＭｔＦ社員の希望を認める方向で検討することが望ましいのですが、女性用トイレの使用を認める場合、自社ビルでない場合にはビル管理者や他テナントの理解が必要となるでしょうし、他の女性従業員に与える可能性のある不安感等について、十分な配慮を検討する必要があります。

他方、ＭｔＦ社員が希望する性自認に沿ったトイレの使用を認めないのであれば、安全配慮義務等を尽くし、民法上の損害賠償請求等の法的責任を問われる事態を避けることが重要となります。そのためには、本人の希望に沿って十分な話し合いを行ったうえで、本人の困難を踏まえた代替措置、例えば「だれでもトイレ（多機能トイレ・多目的トイレ）」の設置や管理職・来客用トイレの使用などを検討し、さらに、かかる措置によって本人の困難が解消するものではないことを十分自覚して、相談体制の整備、理解促進のための研修・情報発信など、希望に沿う努力を続けていくことが必要です。

用できていないことが指摘されています。 また、トランスジェンダーの人が利用したいトイレは個々人で希望が異なります。「出生時の戸籍の性別のトイレ」「自認する性別のトイレ」「多機能トイレ」「男女共用トイレ」など、その希望はさまざまです。

選択肢の一つとしてだれでもトイレや、だれでも使用できる更衣室と併設するトイレなど、インクルーシブな設備があることは大切ですが、最も大切なことはトイレ利用に関する困りごとがある人が相談できる環境を整備し、個人の希望に沿う形でトイレを利用できるよう、ハードのみでなく理解促進等のソフト面を含め環境を整えることであると考えられます。

——多くの会社や組織では、当事者からのリクエストをきちんと聞いているとは思いますが、他の社員の理解を高めていくためにはどのような方法が考えられるのでしょうか？　トップからのメッセージ、各種研修やアライ・ネットワークの構築などがベストプラクティスとして紹介されることが多いですが、さらに社員一人ひとりに直接関係する事項だと認識してもらうことに役立ちそうなアイディアはありますか？

日本たばこ産業株式会社（JT）様と特定非営利活動法人虹色ダイバーシティで実施した「ALLYを増やす取り組みに関する調査」では、職場で周囲にアライとして行動している人がいることが、職場全体の理解向上や行動変容に影響することが明らかにされています。身近な人がアライ活動を行っていると興味を持ちやすく、また自身も行動しやすい環境になるため、周囲にアライを増やしていくことが重要であるといえるでしょう。

この本を読んでくださったみなさんが、アライとして周囲に発信したり、行動することこそが、社員一人ひとりに直接関係する事項だと認識してもらうことにつながるのではないかと考えています。

当事者からのメッセージ

大切なのは「理解ある環境」の整備です

認定NPO法人ReBit代表理事　薬師実芳（聞き手：弁護士　鶴見晃二）

――多くの裁判例や相談事例を見ていくと、トランスジェンダー社員の方々から何か相談事があった場合、きちんと当事者の話を聞き、企業として可能な対応方法があるのかどうかしっかりと検討していくことが、適切な対応のポイントとなりそうですね。採用時点でも、そもそも性別を聞かない、あるいは、性別に関して、面接官の使用する資料には性別欄の記載をしないことなども考えられそうですが、いかがでしょうか？

エントリーシートに性別欄を設けない、もしくは必須項目としない企業や、学校が作成する履歴書に性別欄を設けない大学も増えてきました。しかし、性別欄を設けなければよいということではなく、採用時においては面接担当者や人事担当者が、そして就労時においてはともに働く社員が、SOGIへの理解をもち、LGBTであってもなくてもSOGIに起因するハラスメントや不利益を受けない環境を構築することが求められています。

――職場環境に関しても、業務に支障がない限り、できるだけ快適に環境を整えていくことが重要ですね。トイレ・更衣室に関しては、他の社員への配慮や企業ごとの物理的制約も含め、まだまだ課題がありますね。抜本的な解決策ではないかと思いますが、「だれでもトイレ」の設置は、どの程度当事者のみなさんの要望を満たすものなのでしょうか？　たとえば、空港にあるような、だれでも使える更衣室・控室をつくり、その中にトイレも設置しておくというような対応も検討に値するものでしょうか？

オフィストイレのオールジェンダー利用に関する研究会が2019年７月に公開した「オフィストイレにおける利用実態や利用意向についての調査」では、トランスジェンダーの約４割が、オフィスで利用したいトイレを利

同性パートナーのための施策・対応

同性パートナーをもつ社員が抱える困難と不利益

男女間の夫婦と同様の共同生活を送る同性パートナーをもつ社員は、法律上婚姻が男女間にしか認められていないため、同性パートナーと安定した家族関係を営むうえで、法律上・事実上多くの困難と不利益を受けています。その困難と不利益は、共同生活の場所となる民間・公営住宅への入居、一方が疾病にかかった場合の各種社会保険制度の適用や病院における面会や緊急手術への同意権、一方が死亡した場合の財産相続、子どもと家族を築いている場合の共同親権など、極めて多岐かつ広範にわたります。また、男女間であれば、事案ごとの判断ではありますが、婚姻はしていなくても婚姻意思と共同生活の永続性が認められる場合、事実婚として裁判上一定の保護が与えられ、また一定の社会保険の適用対象となります。* しかし同性カップルは、そのような司法上の保護を受けられません。

国・自治体の法律・制度を前提とするものも多く、企業のみでこれらの困難・不利益にすべて対応することはできませんが、ここでは企業が行うことのできる施策・対応についてご説明します。

＊ 最判昭和33年４月11日（事実上の婚姻関係を法律婚に準じた関係と認めた事案）をはじめとして、大阪地判昭和60年４月19日（内縁の妻が死亡した内縁の夫の損害賠償請求をした事案）など、法律婚に関する民法の規定の一部の効果が裁判上認められている

「法定外」の福利厚生制度なら企業判断で運用可能

福利厚生制度は、法定福利厚生制度（健康保険、厚生年金保険、介護保険、雇用保険、労災保険、子ども・子育て拠出金など法律上使用者に義務付けられているもの）[*1]と法定外福利厚生制度（住宅関連、医療・健康関連、子育て・介護関連など使用者が法定外で任意に社員に提供するもの）[*2]とに分かれています。

法定福利厚生制度に関しては異性の配偶者、裁判上認められる異性の事実婚パートナーを対象とする公的枠組みを前提としているため、民間企業が、同性パートナーにその対象を広げることはできません。もっとも、このような制約があるものの、就労していない同性パートナーに対して国民健康保険料の補助を行うなど、注目に値する事例もあります。[*3]

これに対し、法定外福利厚生制度に関しては、あくまでも民間企業が任意に提供するものであり、同性パートナーを対象とする制度を構築することができます。そのため各企業ごとに対象としている制度にもばらつきがありますが、民間企業で導入されている法定外の制度としては、同性パートナーを対象とする慶弔金、結婚・育児・介護等の特別休暇、社宅、転勤に伴う費用の補助、単身赴任手当等があります。

法律上の配偶者や事実婚の異性パートナーに提供する法定外福利厚生制度の多くは、その趣旨目的に照らして、同性パートナーについても同様に妥当すると考えられます。また

＊1　健康保険、厚生年金保険、介護保険、労災保険、雇用保険等の社会保険料の支払等
＊2　慶弔見舞金、特別休暇、社宅等
＊3　ゴールドマン・サックス証券株式会社「ダイバーシティ LGBTへの取り組み」
https://www.goldmansachs.com/japan/who-we-are/diversity-and-inclusion/lgbt/

同性パートナーをめぐる昨今の情勢を考えると、企業が、法律婚をした社員、また事実婚の異性パートナーに対しても提供している福利厚生制度については、同性パートナーであることのみを理由として不支給とした場合、その判断が違法・無効と評価される可能性もないとはいえません。

なお、これらの制度のうち、慶弔金等、金銭給付型の制度については、既存の法定外福利厚生制度を枠組みとすることで比較的容易に導入が可能です。これに対し、金銭給付以外の制度、例えば育児休暇については、現行法上、同性カップルが養子縁組により養親となって子をもつことが認められていないことから、その適用範囲や認

福利厚生制度の種類

法定福利厚生制度

健康保険、厚生年金保険、介護保険、雇用保険、労災保険、子ども・子育て拠出金など法律上使用者に義務付けられているもの

⇒ 企業判断で同性パートナーを対象とすることはできない

法定外福利厚生制度

住宅関連、医療・健康関連、子育て・介護関連など使用者が法定外で任意に社員に提供するもの

⇒ 企業判断で同性パートナーを対象とすることが可能

定方法をどのように整理するかなど追加で検討が必要な事項もあります。ただ、同性パートナーや同性婚をめぐる情勢や風潮を考慮すると、より積極的に、金銭給付以外の制度の導入をも検討していくことが望ましいでしょう。

福利厚生制度の対象となる「同性カップル」をどう確認する？

法定外福利厚生制度を、同性パートナーをもつ社員にも適用する場合、対象となる同性パートナーをどのように確認するのかが問題となります。この点、指針となる基準はなく、さまざまな考え方があるかと思いますが、個別に事実婚に準ずる関係にあるか否かを審査する方法は、法律婚の婚姻がそもそも届出で足りることや、センシティブな情報の開示を必要とすること、企業がそもそも判断できるのかということに鑑みると現実的とは考えられません。

現実的には、一定の同居期間を示す住民票の提出、自治体が発行する同性パートナーシップを公認する書類の提出、また本人たちの申請書の提出をもって足りるとする考え方があり、そのような方法を採用している企業もあります。現実に申請が殺到する事態は想定しにくいでしょうし、また企業の取り組み姿勢をより積極的にアピールするという意味でも、申請書で足りるとすることも十分検討に値すると考えられます。

日本への転勤と在留資格

社員の外国人同性パートナーの在留資格はグローバル企業をはじめ、多様な高度専門人材の受け入れを目指す組織において、大きな課題となっています。かかる企業においては、適切な人材を柔軟に配置していくことが極めて重要な施策となりますが、外国人同性パートナーをもつ社員を日本に異動させようとすると、異動前の国では同性婚が有効な婚姻関係と認められていても、日本では同性パートナーの「家族滞在」や「日本人・永住者の配偶者等」の在留資格を取得することができないことから、異動させることができなかったり、極端な場合、かかる社員が退職する事態に発展しかねません。

この点、同性婚が認められている国同士の同性カップルが同性婚している場合には、「特定活動」として在留資格の申請をすることが、2013年の法務省通知（法務省管在第5357号）によれば可能です。しかし、日本人と外国人の同性婚カップルの場合、日本民法は同性婚を認めていないので、外国人と日本人との同性婚は法的に有効な婚姻とされず、かかる申請を行っても在留資格を取得することはできません。

転勤の事例ではありませんが、日本人と外国人の同性カップルの在留資格が直接問題になった事案があります。日本人男性と20年以上にわたって共同生活を営んできた台湾人男性が、不法滞在として逮捕された事案です。不法滞在であっても、結婚している異性カップルであれば、多くの場合、日本人の配偶者である外国人に在留特別許可が出て、在留資格が付与されます。しかしながら、当該事案においては、当初在留資格が認められず、逮捕から半年ほどを経て退去強制処分となりました。その後、かかる処分の取り消しを求める裁判が提起され、当該事案に関しては、担当裁判官から国への打診もあり、処分の取り消しと在留特別許可が出されたことから訴えは取り下げられています[*1]。この事案はあくまで在留特別許可の事案であり、日本人と外国で有効に婚姻した外国人の在留資格が「特定活動」として認めれられるか否かは不明です。高度外国人人材の受入促進、ダイバーシティ実現の観点から法的手当てが求められているところです[*2]。

同性間の婚姻（同性婚）と企業

以上概観したところから明らかなとおり、同性パートナー間の法律上の婚姻が認められていない以上、企業が同性パートナーをもつ社員に対し、法律上の婚姻をしている社員と同等の福利厚生制度・労働条件を提供することはできません。また、在留資格についても、双方の国が同性婚を認めている国の同性カップルであれば「特定活動」という在留資格の取得の途が開かれているものの、それ以外の場合には、外国で適法に婚姻している同性カップルであっても、外国人同性パートナーには在留資格が認められないこととなり、適切な人材配置という観点から大きなハードルとなっています。

このことは企業経営に大きな影響を与えます。同性パートナーを有する社員は、職場で

＊1　平成29年3月24日 東京地裁に提訴。平成31年3月に在留特別許可が付与されたことから訴え取り下げ
＊2　平成31年4月26日 東京都提出資料

の労働条件において他の同僚と常に差異がある状況のもとにあり、そのことは、他の社員が享受する家族に関連する保障が提供する安心感を享受できないため、当該社員に大きな負担となります。また、そのような差異が、当該社員のモチベーション、チームワーク、クリエイティビティ、忠誠心に影響を与える大きな懸念もあります。法定外福利厚生制度の適用や金銭給付によって、ある程度の対応は可能であるかもしれませんが、企業がそのために別の制度を構築し運用しなければならず相応の負担となります。米国ではそのために追加で負担するコストが年間10億ドルを超えるという試算があります。

また、主要な先進諸国ではすでに同性婚が実現しています（59頁参照）。そういった状況のなか、同性パートナーを有しあるいは将来有すると考えている人材であれば、労働条件に差異がなく、家族の保障が得られる国・企業を選択する可能性が十分あり、日本人・外国人を問わず、人材の国際獲得競争において、極めて不利な立場に置かれることになります。また、優秀な人材を海外から採用し、または海外法人・支店から日本に社員を異動させようと考えても、同性パートナーがいる、または今後もちたいという社員であれば、双方の本国法が同性婚を認めている国でなければ在留資格が認められないという極めて偶然性に左右される高いハードルがあるため、当該異動の計画がとん挫し、またそれをきっかけとして当該社員が転職・退職するというリスクもあります。

これらの事象はすべて企業活動に重要な影響を与えますし、今後同性婚が認められる国が増え、また、グローバル化が不可避的に進展するなかで、ますます深刻な問題になることが予測されます。

そしてこれは日本企業に限った問題ではありません。２０１５年６月の最高裁判所判決によって同性婚が実現した米国では、379社の企業が連名で同性婚の実現がビジネスにとって必要であるという上申書（アミカス・ブリーフ）を米国最高裁判所に提出しています。379社の業種は広範にわたり、またフォーチュン100企業から中小企業までを含んでいます。２０１７年に同性婚が実現したオーストラリアにおいても、同性婚の実現に関する国民投票の際中、851社の企業を含む２２２９の団体が同性カップル間の婚姻実現に賛同を表明しています。日本でも、２０１８年９月、在日米国商工会議所が「日本で婚姻の平等を確立することにより人材の採用・維持の支援を」と題する意見書を公表、２０１９年11月18日現在、68の企業・団体がすでに賛同を表明しています。

PRIDE指標・ベストプラクティス

第1章でも触れていますが、企業などのＬＧＢＴに対する取り組みについてwork with Pride（ｗｗＰ）がＰＲＩＤＥ指標を策定し、評価しています。* このうち、同性パートナーがいる従業員に対する支援について詳細に述べているのが、人事制度・プログラムに関する評価指標（Development）です。

＊ https://workwithpride.jp/pride-i/

当該指標において推奨される取り組みとしては、配偶者を対象とする人事制度に関して、婚姻関係の同性パートナーがいることを会社に申請した従業員及びその家族にも適用することを柱としています。

具体的には、同性パートナーがいる従業員及びその家族にも適用されるべき評価対象項目として、

①各種の休暇・休職（結婚、出産、育児、家族の看護、介護等）
②支給金（慶弔、出産祝い、家族手当、家賃補助等）
③赴任（赴任手当、移転費、赴任休暇等）
④その他の福利厚生（社宅、ファミリーデー、家族割、保養所等）
⑤会社独自の遺族年金、団体生命保険の受取人に同性パートナーの指名を認めること

をあげており、そのうち、二つ以上の項目を満たすことを求めています。また、同指標のうち、トランスジェンダーの社員についての施策と合わせ、制度全般に関する評価対象項目として、

⑥制度の存在の周知
⑦周囲の人に知られずに申請できる仕組みなど柔軟な申請方法
⑧性的指向や性自認についてカミングアウトした結果、ハラスメント等が発生した場合を想定したガイドラインの策定

⑨希望に応じて、出張等に伴う宿泊部屋、社宅・寮への配慮
⑩同性愛や異性装が犯罪となる国等への赴任・出張時のリスク対応を行っていること
⑪トランスジェンダーの従業員が望む性別で働くことを希望した場合、人事部門、所属部署、関連部署等で連携して対応を検討していること

をあげており、①~⑤と同様に二つ以上の項目を満たすことを求めています。

そして、人事制度・プログラムに関するベストプラクティスが年度ごとに紹介されていますが、PRIDE指標2018レポートでは、法定婚、事実婚、同性パートナー問わず使える独自の休暇制度としての「大切な人休暇」の導入例（前述①の例）が掲げられています。*

＊ PRIDE指標運営委員会「PRIDE指標2018レポート」p14

もちろん、アメリカと日本では状況が違いますが、むしろ日本のほうが、違いは「間違い」であるという文化的な背景がありますので、同性婚が認められると、当事者に対するポジティブなインパクトはより大きいのではないかと思います。

また、婚姻の平等が実現することはLGBTの非当事者にとっても、LGBTであることは何もおかしなことではない普通のことなんだと受け入れやすくなるのではないでしょうか。法律の枠組みが変わると人びとの考え方にも影響があると思います。企業としては、社員一人ひとりが持てる力を十分に発揮できる職場環境を整備することは必須です。LGBT当事者にとっては、職場でカムアウトしてストレスを感じずに仕事に集中できる職場環境が理想的ですが、職場環境が整備されているだけでは、なかなかカムアウトすることはできません。職場は人生の一部にしか過ぎませんので、家族や親戚、友人などの他のステークホルダーの理解が乏しいなか、職場でだけカムアウトすることはなかなか難しいと思います。社会全体の理解が進まないと職場でのカムアウトも増えていかないのだと思います。

企業が同性婚をサポートすることは、LGBT社員がパフォーマンスを発揮しやすいインクルーシブな職場環境を整備するためにも重要なことではないでしょうか。

当事者からのメッセージ

同性婚へのサポート不足は差別と偏見の象徴です

稲場弘樹

私はゲイの当事者ですが、同性婚が認められていないことはLGBT当事者に対する差別と偏見の象徴だと思っています。世の中にはまだまだ差別と偏見は満ち溢れていますが、これほど身近でかつ法律で明確に差別されているものは他にはないと思います。婚姻における平等を実現することが当事者自身の自己肯定感を増大し、また当事者に対する差別と偏見を解消する大きな一歩となると信じています。

2017年にアメリカ医師会誌に発表された調査結果によると、同性婚の合法化と10代若者の自殺率に明確な相関関係が認められるということのようです。アメリカ合衆国では婚姻が州法で定められているのですが、同性婚が合法化された州では10代の性的少数者の自殺未遂率が合法化後14%減少し、同性婚が合法化されていない州では自殺未遂率はその間変化がなかったと発表しています。このことから、同性婚の合法化は、若者が自殺を試みる衝動に大きな影響を与えると推察されています。同性婚が認められることで性的少数者であっても良いのだという力強いメッセージが当事者に送られているのだと思います。

人事ライフサイクル別に考える適切な対応

募集・採用

採用の自由は認められているが……

日本国憲法は22条、29条等において、財産権の行使、営業その他広く経済活動の自由を基本的人権として保障しています。その結果、企業は経済活動の一環として契約締結の自由を有しており、自己の営業のために労働者を雇用するにあたっても、だれを雇い入れるか、どのような条件で雇うかについて、法律その他による特別の制限がないかぎり、原則として自由にこれを決定することができると考えられています（三菱樹脂事件・最判昭和48年12月12日）。

すなわち、日本の企業では、入社した後は簡単に人を辞めさせることはできませんが、入社する前の段階では、どのような理由であっても採用を断ることはできますし、不採用になった理由を説明する義務もない、というのが原則となります。

これに対する制限の一つが、男女雇用機会均等法です。同法第5条は、「事業主は、労働者の募集及び採用について、その性別に関わりなく均等な機会を与えなければならない」と、性別を理由として採用希望者に機会を与えないことは違法であると規定しています。これはＬＧＢＴ（とくにトランスジェンダー）についても、適用があると考えるべきでしょう。しかしこの規制は、「機会の付与」に対する規制にとどまっています。したがって、たとえば採用のための門戸を広く開いたうえであれば、ＬＧＢＴであることを理由に採用を拒否することも可能となります。

しかしながら、採用活動において、ＬＧＢＴの学生等が、能力があったとしても、偏見や差別的な発言等により不快な思いをしていることもまた事実です。厚生労働省は「公正な採用選考の基本」（２０１６年）を示し、事業主向けにパンフレット（『公正な採用選考をめざして』）を作成し、性的指向や性自認における採用の平等を求めています。*法律的な強制力があるわけではなく、啓発にとどまりますが、そこで示されているような公正な観点に基づいた採用活動を行うことは、採用希望者の属性ではなく、企業にとって必要な能力をもっているかどうかという点により焦点を絞ることにつながり、企業にとっても有益だと思います。

なお、採用の自由が認められるとしても、採用の段階において、企業が採用希望者の性的指向や性自認に関する情報を得ることができるかどうかについてはまた別の話です。性的指向や性自認は極めてプライバシー性の高い情報であり、こうした情報の開示を事実上強制させるような対応は適切とはいえません。その意味において、履歴書や応募フォーム

＊「公正な採用選考について」 https://www.mhlw.go.jp/www2/topics/topics/saiyo/saiyo.htm

における性別記載欄は、採用において必須な情報ではありませんし、基本的に削除すべきだと思います（「その他」の欄を設けるケースもありますが、その他に○を記入すること自体、一種のカミングアウトの強制につながるおそれがあります）。

公正な採用選考に欠かせないLGBTへの理解・配慮

前述のとおり厚生労働省が示す「公正な採用選考の基本」では、性的指向や性自認に関し、採用における平等を求めています。しかし、認定NPO法人ReBitの調査[*1]によれば、LGBの42・5%、Tの87・4%は就活の選考時にSOGIに由来した困難やハラスメントを経験するといいます。その背景として「人事担当や面接官から、性的マイノリティではないことを前提とした質問や発言があって困った」「人事担当や面接官に性のあり方に関する知識がなくて困った」などが挙げられており、人事・面接担当者の理解促進が求められています。

一方で、「LGBTの就活生・求職者に会ったことはない」と思われる人事・面接担当者もいらっしゃるかもしれません。しかし、調査によると、就活時に応募企業一社にもカミングアウトをしなかったLGBTは78・01%です。採用における不利益やハラスメント等をおそれてカミングアウトできない／しない状況があります。だからこそ、カミングアウトの有無に関わらず、就活生・求職者の一定数がLGBTであることを前提に、面接担

＊1「LGBTや性的マイノリティの就職活動における経験と就労支援の現状調査」（平成31年3月認定NPO法人ReBit）

当者への理解促進が求められます。

また、LGBの77%、Tの87%は、職場においてLGBTに理解や配慮があることが職場選択に重要な要素と回答しており、[*2] 採用における人材獲得、公正な採用選考の実施、面接時のハラスメントの防止につながると考えられます。

企業ができる対応はいろいろある

SOGIに関し、公正な採用選考実施のためにできることはさまざまあります。また、公正な採用選考のために取り組むことはもちろん、前述のとおりLGBT対応は採用戦略にもつながります。一方で、就活時にLGBTの取り組みをしている企業を1社も知らなかったと答えたLGBTは55・6%でした。[*1] 取り組みの積極的な発信が求められます。

1 採用における差別をしないことの明記・周知

社外にも公開している行動指針や、人権尊重の指針等に、性的指向や性自認に関して採用や就労における差別をしないことを明記しましょう。

2 採用や面接の担当者へLGBTに関する研修や情報提供を実施

採用や面接の担当者へ研修の実施や資料の配布を通じ、LGBTに関する周知を行うことは、公正な採用選考の実現だけでなく、選考時のハラスメント防止につながります。

＊2 特定非営利活動法人 虹色ダイバーシティ、国際基督教大学ジェンダー研究センター 2015 より

7 カミングアウトの範囲は人それぞれです。面接時にカミングアウトをしても、配属先等でカミングアウトをするとはかぎりません。本人の同意なしに第三者に共有することは控えてください。

8 トランスジェンダーの場合、言葉遣いや服装等の性別と応募書類の名前や性別欄に書かれた性別が異なる場合があります。過度な驚きや詮索をしないでください。

9 トランスジェンダーに対して、性同一性障害の診断書の取得を強要したり、治療状況や身体の状況を尋ねることはしないでください。

10 採用面接時は時間が限られているからこそ、職場で必要な配慮等について細やかな聞き取りをせず、他の求職者と同様に採用に関わる質問をしてください。個別に必要とされる配慮については、必要に応じて面接時間外や内定後の面談などで聞き取りを行います。

11 LGBTについての話題がでた際、取り組みがあることを伝え、詳細について見られる場所や資料の案内をするなど情報提供ができるとよいです。一方で、規定等についてわからないことを聞かれた場合、無理に答えなくて大丈夫です。後日担当者から答えることができるが、共有してよいか？　と確認をしてください。

面接担当者が心得ておくべきポイント

1 LGBTはおよそ8％といわれています。カミングアウトをしていなくても、LGBTの就活生・求職者がいることを前提としてください。

2 LGBTの話は性的な話ではなく、人権的課題です。職場選びや働きがい、安全性に関わる話です。

3 セクシュアリティと職業上の能力や人間性、意欲に関係はありません。セクシュアリティに関わらず、その人自身の能力や意欲をみてください。

4 恋愛や結婚、子育てについて面接で聞かないことはもちろん、それらをすることを前提とした質問をしないでください。

5 「男らしさ」「女らしさ」など、男女に関して決めつけのような表現は気をつけてください。

6 「ホモ」「レズ」「オカマ」「おとこおんな」など、LGBTを揶揄《やゆ》する言葉は使わないでください。

3 学生・就活生への情報発信

採用ホームページや、パンフレット等にＬＧＢＴに関する取り組みを他のダイバーシティへの取り組みとあわせて記載すると、ＬＧＢＴの就活生らの心理的安全性が高まります。また、ＬＧＢＴのキャリアに関するイベントに出展を積極的に行うことは、肯定的なメッセージになります。*

4 採用活動におけるエントリーシート上の性別記入欄

トランスジェンダーの就活生は、エントリーシートの性別記入欄によりカミングアウトをせざるをえない状況になったり、自認する性を記入してよいのか迷ったりします。不要な性別欄であれば削除する、必須項目ではなく任意回答項目にする、男女のみでなく適切な選択肢を増やすなどの配慮ができます（163頁参照）。

内定後のカミングアウトへの対応

日本では、入社前に内定というプロセスを経るのが一般的です。ＬＧＢＴ、とくにトランスジェンダーの中には、採用されて内定を取得した後に、本人が任意にカミングアウトして対応を希望するケースもあります。

＊ RAINBOW CROSSING TOKYO / http://lgbtcareer.org/rainbowcrossing

裁判上の実務では、内定とは、雇用契約は成立していますが、まだ効力が発生していない状態（入社日に効力が発生する）という理解がなされています（大日本印刷事件・最判昭和54年7月20日）。

内定後、雇用契約は成立しているので、企業が内定を取り消すことは採用時の不採用とは異なり、「客観的に合理的な理由」があり、社会通念上相当と認められる場合にかぎり認められると考えられています。男女雇用機会均等法6条4号は、解雇について性別を理由とする差別的取り扱いを禁止していますが、この趣旨は内定取り消しにおいても準用されると考えられますし、ＬＧＢＴであることを理由とする内定取り消しも、性別を理由とする内定取り消しとして禁止されると考えられます。

異動

配置転換に対する法律上の基準

最近はキャリアの途中で転職して他の会社に中途入社する例も多くなってきていますが、日本の多くの企業では、新卒で採用された後は企業の内部で、異動によってさまざまな経験を積みながら、徐々に責任のある立場にステップアップするというキャリア制度が想定されています。そのため、入社した後に、それぞれの社員にどのような仕事をしてもらうか、どのような部署に異動させるかについては、企業に大幅な裁量権が認められていると考えられています。

裁判例においては、「使用者は業務上の必要に応じ、その裁量により労働者の勤務場所を決定することができる」という、使用者の人事異動に対する裁量権を認めたうえで、この配転命令が権利の濫用として無効と判断される基準として、

①配転命令につき業務上の必要性が存しない場合、または、

②業務上の必要性が存する場合であっても

(ⅰ)配転命令が不当な動機・目的に基づいてなされたとき

(ⅱ)労働者に対し通常甘受すべき程度を著しく超える不利益を負わせるものであるとき

といった、「特段の事情」が必要であると判示しています(東亜ペイント事件・最判昭和61年7月14日)。

この基準については、ＬＧＢＴの社員についても同様に該当することになります。

ＬＧＢＴを理由とする異動は違法?

ＬＧＢＴの当事者であることを理由とする異動は、男女雇用機会均等法上の性別を理由とする差別や、同法のセクシュアルハラスメントに関する指針における、ＬＧＢＴの当事者に対する不利益的取扱いに該当すると考えられ、前述した「業務上の必要性が存せず、また不当な動機・目的に基づく配置転換命令」として、違法と判断される可能性が高いと

思われます。

もっとも、社会一般の理解が十分に進んでいない現状を前提とすると、ＬＧＢＴの当事者に対しては、取引先からクレームが来るといった事態も現実にはありえます。企業としては、取引の継続のためにＬＧＢＴの当事者を担当から外すべきか否かといった対応を検討しなければならないこともあると思われます。ただし、こうした取引先のクレーム自体、本来ＬＧＢＴに対する差別的な対応であり、広い意味ではＬＧＢＴであることを理由とする配置転換に含まれると解釈される可能性があります。企業としては、経営のためにやむを得ずこうした対応を取らざるを得ない事情の有無を十分慎重に検討し、取引先への説明、代替案などを考慮し、それでもなお必要と判断される場合には、ＬＧＢＴに対する配慮という観点からは、できるだけ当事者の人にも十分事情を説明し、了解を得たうえで配置転換を実施する必要があります（186頁参照）。

「通常甘受すべき程度を超えた不利益」のとらえ方

転居を伴う配置転換（転勤）や出向などは、家族をもっている社員の場合、子育てや介護などの面で時に大きな不利益を被ることがあります。この点を踏まえ、育児介護休業法26条では、配置転換等において、子の養育や介護の状況に配慮すべきと規定されています。

ＬＧＢＴの場合、法律上は婚姻関係になっていなくても、同性のパートナーの状態によっては単身赴任が難しい状況も考えられます。実際に生活に影響が出る以上、企業としては、法律上の夫婦ではない同性パートナーについても同様の配慮をする、つまり、社員の希望も十分に考慮したうえで配転命令を出す必要があると考えられます。

さらに、海外転勤の場合には、別の考慮が必要となります。すなわち、外国の中には、ＬＧＢＴ自体が犯罪として扱われているところもあり、そのような国・地域にＬＧＢＴの社員を赴任させることは、その社員の生命や人生に大きな影響を与えかねません（57頁参照）。また、同性間の婚姻が認められていない国に赴任する場合、同性パートナーが配偶者として認めてもらえず、在留資格の取得に困難をきたす場合もあります（154頁参照）。したがって、企業としては、海外赴任については、赴任先について慎重に検討する必要があります。

雇用の終了

ＬＧＢＴであることを理由にした解雇は認められない

一般的に企業が従業員との雇用契約を一方的に解約することを解雇といい、従業員のほうから雇用契約を解消することを退職といいます。このうち、解雇については、企業に対して強い制限が課せられており、「客観的に合理的な理由」と、「社会通念上の相当性」が認められないかぎり、解雇権の濫用として違法となります（労働契約法16条）。

男女雇用機会均等法では、退職の勧奨（企業が従業員に対し、退職を勧めること）、定年及び解雇並びに労働契約の更新について、性別を理由とする差別的取り扱いを禁止しておりますので（同法6条4号）、ＬＧＢＴであることを理由として解雇等をすること自体、そもそも「客観的に合理的な理由」が存在しないものとして、違法と判断されると思われます。

もっとも、ＬＧＢＴだからといって解雇がまったく許されないわけではなく、たとえば仕事における評価が低かったり、懲戒解雇に相当するような問題行動を起こした場合には、解雇を適法に行うことは可能です。しかし、そのような場合にＬＧＢＴの当事者としては、自分がＬＧＢＴであるから解雇されたのではないかと疑心暗鬼にかられ、不当解雇であると争ってくることも考えられます。こうした事態を防ぐためには、解雇を検討しているなら十分な裏付けとなる証拠や事実を収集し、本人にも説明したうえで解雇することが重要といえます。

退職の「勧奨」は「強要」とみなされることも

前述した男女雇用機会均等法に規定されている「退職の勧奨」とは、企業が従業員に対して退職を勧めることをいいます。退職を勧めること自体は、違法ではありません。しかし、前述したとおり、性別を理由に退職勧奨することは違法と判断されますので、

ＬＧＢＴであることを理由に退職を勧奨することも違法になると思われます。

またＬＧＢＴであることが理由でない場合でも、従業員本人が退職を拒否しているにも関わらず、執拗に退職勧奨の面談を行ったり、退職届を書くまで部屋から出さないなど、退職を強要したり、そのような事実がないにも関わらず、「懲戒解雇になる」などの虚偽の説明をして従業員をだまして退職を勧めることは、退職の強要であるとして違法と判断されることがあります。

なお、とくにトランスジェンダーがカミングアウトした際、職場ではどのように受け入れるかについて少なからず混乱が生じ、企業が対応を検討しなければならなくなると思われます。この点、本来的なことをいえば、企業が率先して同僚等の理解を求め、受け入れられる環境を整備するべきなのはいうまでもありません。しかし、現実問題として職場の同僚の理解を得ることが難しく、カミングアウトしたＬＧＢＴの社員が孤立し、職場に居続けることがかえってストレスになるケースも想定されます。このような場合においても、企業としては、当該社員の精神上の健康に第一に配慮したうえで、人事部・上司等が事実関係を調査し、問題となる関係者への対応や配置転換も含め、現状の改善を進めつつ、当事者本人の意向を確認しながら、合理的な配慮を行うことが必要となります。問題の原因、適切な対応・配慮を行うことなく、安易にＬＧＢＴの社員に退職を勧めることが許されないことはいうまでもありません。

先進企業*の例

採用における配慮

- 採用HP内において、ダイバーシティ推進室長からのメッセージを掲載している。
『多様な「人材」こそが、事業運営の根幹であると考え、「多様な人材の活用」および「多様な働き方の推進」に取り組んでいます。年齢や性別、障がいの有無、性的指向、性自認、育児・介護等の時間的制約等にかかわらず、どのような社員でも継続して働き、成果を上げられるよう、多様な人材が高いパフォーマンスを発揮できる環境をつくっていきます。』（NTT東日本グループ）

- 内定者からトランスジェンダーであるとの申告があった際に、ダイバーシティ部門、産業医、労務、研修、健保組合、関連会社人事等と連携し、入社時健康診断に対応。（日本アイ・ビー・エム株式会社）

配置転換における配慮

- あいムーブ（地域限定型社員が配偶者の転勤等により転居せざるを得ないケースにおいて、転居先での継続勤務を申請できる制度）について、同性パートナーにも適用している。（あいおいニッセイ同和損害保険株式会社）

＊ Pride指標・ベストプラクティス認定企業

ハラスメント対応のポイントは？

LGBTに対するハラスメントは会社にとってもリスク大

職場において、ＬＧＢＴの社員が日常的最も苦労することの一つが、ハラスメントです。マイノリティであるＬＧＢＴに対しては、理解が不十分な社員もまだまだ多く、職場でも誤った偏見に基づいた発言（ＬＧＢＴは趣味でやっている等）や、ＬＧＢＴを揶揄するような言動（ホモ、オカマ、レズといった発言など）がなされることは、残念ながら少なくありません。

こうした発言をする人は、ＬＧＢＴの当事者が周囲にいないと思っていることが多いと思われますが、実際には、ほとんどのＬＧＢＴはカミングアウトしていないだけであって、実際には職場に存在し、こうした発言を聞かされて人知れず傷ついています（19頁参照）。さらに傷つくだけでは済まず、職場にいづらくなって退職してしまうこともありますし、場合によっては、うつ病等の精神疾患にかかって会社に来られなくなったり、ひどい場合には自殺してしまうこともあります。このように社員がハラスメントを受けることは、社員の生産性にも悪影響を与えますし、会社にとってもレピュテーション

（評判）が低下するといったリスクが生じることになります。

企業にはハラスメントに対応する義務がある

職場のハラスメントに関しては、男女雇用機会均等法11条において、セクシュアルハラスメント（セクハラ）に関し、企業に対して雇用管理上必要な措置を講じるよう義務付けています。そして、この措置の内容を具体化した指針（事業主が職場における性的な言動に起因する問題に関して雇用管理上講ずべき措置に関する指針）においては、被害者の「性的指向または性自認に関わらず」行われるセクハラも、措置義務の対象となる旨、規定しています。また、国家公務員に適用される人事院規則においては、セクハラの要件となる「性的な言動」について「性的な関心や欲求に基づく言動をいい、性別により役割を分担すべきとする意識又は性的指向若しくは性自認に関する偏見に基づく言動も含まれる」と、より広くとらえています。

また、2019年5月に改正された労働施策総合推進法においては、新たにパワーハラスメント（パワハラ）に対する雇用管理上の措置義務が規定されましたが、この改正法が成立する際に、衆議院と参議院の双方において、性的指向・性自認に関するハラスメント及び性的指向・性自認の望まぬ暴露（アウティング）についても改正法の対象となり、アウティングを念頭においたプライバシー保護を講ずることとの附帯決議が出されています。この法律に関する指針はまだ出されていませんが、この附帯決議を踏まえた内容になると考えられます。

こうした動きを踏まえ、厚生労働省のモデル就業規則では、服務規律において「性的指向・性自認に関する言動によるものなど職場におけるあらゆるハラスメントにより、他の労働者の就業環境を害するようなことをしてはならない」と、セクハラ・パワハラにとどまらず、広く性的指向・性自認に対するハラスメント（ＳＯＧＩハラ）を禁止する規定を設けています。

このように、ＬＧＢＴの社員に対するハラスメントに対し、企業が何かしら対応することは、単に企業が任意に行えば足りるものではなく、法令上の義務になっているといえます。

義務に違反した場合に生じる企業の責任

企業が、性的指向・性自認に対するハラスメントへの対応策を講じる義務に違反した場合には、どのような問題が生じるのでしょうか。

◎行政上の責任追及

前ページで述べたとおり、性的指向や性自認に対するハラスメントについては、セクハラやパワハラに対するのと同じような雇用管理上の措置を講じることが、法令によって義務付けられています。これに対して、行政機関（労働基準監督署）は、必要な報告を求め、また、助言、指導、勧告をすることができるとされています。

つまり、性的指向・性自認に対するハラスメントについての対応を怠れば、労働基準監督署の指導の対象となるのです。さらに、報告を求められたにも関わらず報告書を提出しなかったり虚偽の報告をした場合には、刑罰に処せられる可能性がありますし、勧告に従わなければ、企業名が公表されることになりますので、企業のレピュテーションに与える影響も大きくなります。

◎労働災害の認定

企業の業務が原因で社員が病気になったり怪我を負うことを労働災害といいます。ハラスメントの結果、労働省がうつ病等の精神障害にかかることもしばしば見られますが、この精神障害が労働災害と認定されるための要件としては、①認定基準の対象となる精神障害を発病していること、②精神障害の発病前おおむね6ヵ月間に、業務による強い心理的負荷が認められること、③業務以外の心理的負荷や個体側要因により精神障害を発病したとは認められないこと、が挙げられており、業務との関係では、②の「業務による強い心理的負荷」があったといえるかどうかが問題となります。

厚生労働省の「心理的負荷による精神障害の認定基準」においては、セクハラやパワハラが認定基準の要素として挙げられており、こうしたハラスメントによって強い心理的負荷がかかり、その結果うつ病等の精神障害にかかれば、労働災害と判断されることになります。この認定基準には性的指向や性自認についての記載はありませんが、先述のとおり、性的指向や性自認に対するハラスメントもセクハラやパワハラに含まれると考えられますので、こうしたハラスメントの結果、精神障害を発症したと判断される場合には、やはり労働災害であると判断されることになると思われます。

労働災害と認定された場合、社員は労災保険に基づいて国から給付を受けることになります。ですので、この認定が下りたからといって、直ちに企業に不利益が生じるわけではありません。しかし、こうした労働災害が起きた場合には、先に述べた措置義務を十分に果たしていないと判断され、行政上の指導を受けるリスクがあります。また、とくに最近は、ハラスメントに対する配慮がなく、働いていてストレスを感じるような企業については、「ブラック企業」などと呼ばれ、強い非難を受ける風潮にあります。こうしたレピュテーションの低下は採用にも悪影響を及ぼし、結果としてさらに職場環境が悪化するなど、悪循環を招くこともあります。企業の経営にとっても、放置しておける問題ではないといえます。

◎民事上の損害賠償責任

さらに、ハラスメントによって被害を受けた社員は、加害者に対して民事上の損害賠償を請求することも考えられます。この場合の加害者は、実際にハラスメントを行った社員が対象となることはいうまでもありませんが、被害者の社員を雇用する企業も、損害賠償責任を負います。すなわち、企業は社員との労働契約に付随して、労働者がその生命、身体等の安全を確保しつつ労働することができるよう必要な配慮をするという「安全配慮義務」（労働契約法5条）や、社員にとって働きやすい職場環境を保つように配慮するという「職場環境配慮義務」を負っていると考えられているからです。

ハラスメントの被害が生じたということは、企業が職場環境の整備を怠り、社員の健康を確保するための対策等を講じなかったことが原因であるとして、労働契約違反になる可能性があります。さらに、事案によっては、企業の経営者である取締役も、社員の健康や環境配慮をさせるべき義務を怠ったとして、損害賠償責任を負うことがあります（会社法429条1項）。企業に対する損害賠償請求は、労働災害の申請とセットで行われることが多く、その際のレピュテーションに対するリスクは、先ほど労働災害のところで述べたとおりです。

それに加え、企業は、損害の賠償による経済的損失を受けることになります。この損害額には、治療費や慰謝料のほか、精神障害によって得られなくなってしまった利益が含まれることになります。とくに自殺などにより亡くなってしまった場合には、その人が生きていたら得たであろう収入が損害として認められることになりますので、その金額は莫大なものになり、数千万円からときには一億円を超える損害が認められることもあります。

このようにハラスメントの問題は、たった一件発生しただけでも、ときとして企業の存続に関わるようなダメージを与えることにもなりますので、決して軽視できるものではないといえます。

ハラスメントの防止・雇用管理指針

このように、企業にとって性的指向・性自認に対するハラスメントを防止することは急務といえますが、具体的にどのようにすればよいでしょうか。セクハラに関する雇用管理指針においては、次のような措置を講じることが必要と規定されています（パワハラに関する指針はまだ出ていませんが、同様の措置が規定されると予想されます）。

1 事業主の方針の明確化及びその周知・啓発

職場におけるハラスメントがあってはならないとの方針を明確に示し、また就業規則に、ハラスメントの禁止や違反者に対して厳正に対処するとの内容（懲戒事由の対象にする等）を規定すること。そのうえで、これらの内容について、研修や教育によって労働者に周知・啓発していくこと。

2 相談（苦情）に応じ、適切に対応するために必要な体制の整備

相談窓口をあらかじめ設けておくこと、及び相談窓口の担当者について、相談に適切に対応できるよう、教育しておくこと。

3 職場におけるハラスメントにかかる事後の迅速かつ適切な対応

ハラスメントの発生を把握したら、事実関係を迅速かつ正確に確認し、被害者を加害者と接触させせないといった配慮を行うとともに、加害者に対して、懲戒処分や異動など、適正な措置を行うこと。また、再発防止に向けた措置を講ずること。

ＰＲＩＤＥ指標の評価要素とも重なっている

また、work with Pride（ｗｗＰ）が作成している「ＰＲＩＤＥ指標」においても、同様の要素が評価の対象となっています。すなわち、５つの評価指標（33頁参照）のうち、Policy（行動宣言）におけるＬＧＢＴ等の性的マイノリティに関する方針の明確化や、Inspiration（啓発活動）における理解促進のための取り組みとしての研修といった評価要

素は、会社の職場環境の整備に関する指標といえます。

こうした方針の明確化や研修によって、企業内部におけるＬＧＢＴに対する理解が深まり、結果ハラスメントの被害も低下していくものと考えられています。

ここでは、先ほどの雇用管理指針の記載も踏まえ、ＰＲＩＤＥ指標のレポートに掲載されたベストプラクティスをいくつかご紹介します。こうした事例のすべてを行うのは難しいかもしれませんが、少しずつでもよいので、「ウチの会社でもできそう」と思えるものから取り組んでみていただければと思います。

周知・啓発

- 毎年10月に「Spirit Day」（若年のLGBTがいじめを受けない社会をつくろうという意思表示のため、パープルのリボンを身に着ける日）を設けている。（ジョンソン・エンド・ジョンソン日本法人グループ）
- 研修のほか、複数の当事者を講師として招いたり、グループワークや演習も行っている。（日本航空株式会社）
- アライカードを希望者に配布し、デスク等にカードを置けるようにしている。（モルガン・スタンレー）

- 相談窓口において、相談を受けた者は、本人の許可なく第三者に公表してはならないことが規程・規則に定められている。（株式会社ミクシィ）
- 社内に「LGBT等相談窓口」を設け、決められた担当者のみが閲覧できるようにしている。また、社内で相談することに抵抗がある場合を考慮し、社外にもカウンセリングサービスを用意している。（株式会社NTTデータ）

先進企業*の例

指針の明確化

- 社内規程・規則等において、性的指向や性自認に関するハラスメントの禁止のほか、性的指向や性自認を理由とする差別やハラスメント行為を受けたことを会社に申し出たことを理由とした不利益な取り扱いの禁止についても定めている。（株式会社ミクシィ）
- 労働組合との労働協約の「差別待遇の禁止」の項に、「性自認、性的指向を理由に差別的取り扱いをしない」と規定している。（株式会社丸井グループ）
- グループの社員・家族が購読する社内広報誌において、LGBTに関する情報を継続して掲載しているほか、支社や職場単位のLGBTに関する取り組みの好事例を共有している。（東日本旅客鉄道株式会社）

相談窓口

- LGBT関連を含む仕事や自分、家族等について幅広く相談ができる社外相談窓口を、社内相談窓口のほかに設けている。（株式会社丸井グループ）
- キャリアカウンセリング資格者によるLGBT専用相談窓口を設けている。相談員の中にはLGBTの当事者もおり、相談員を選ぶこともできる。さらに、年１回、個人的事情を会社に伝える面談を実施しており、上司を通さずに人事部に直接相談することも可能になっている。（全日本空輸株式会社）

＊ Pride指標・ベストプラクティス認定企業

顧客・取引先対応のポイント

当事者が社員でも顧客でも、慎重な対応が必要

ここでは、社員がＬＧＢＴ当事者である場合、そして、顧客がＬＧＢＴ当事者である場合それぞれについて、企業現場で実務上生起しうる問題について考察したいと思います。いずれもそれぞれの企業が関係する事情を十分慎重に検討して適切な対応を行う必要がありますが、ＬＧＢＴ当事者が社員であれ顧客であれ、それぞれの人格的利益に関わる重要かつセンシティブな内容であることを踏まえ（126頁参照）、毅然とした対応が必要となります。

社員が当事者の場合

性自認に反する働き方を求められるか？

取引先・顧客が性的マイノリティである社員のセクシュアリティに違和感・嫌悪感を覚えることを理由として、当該社員に、自己のセクシュアリティを秘して勤務することを命令し、また、当該取引先・顧客と接触することのない部署や管理部門に配転することは許されるでしょうか？　次の事例で適切な対応について考えてみます。

営業部のベテラン男性課長から突然、今後、女性として勤務したいとの申し出がありました。青天の霹靂《へきれき》でした。担当取引先は保守的で、担当者の多くがいわゆる体育会系で、接待も多くの場合、女性のいるクラブで行われます。本人を説得して引き続き男性として勤務するよう説得するか、どうしてもというのなら取引先等と接触のない管理部門に配置転換をせざるを得ないと考えていますが、このような対応に問題はないでしょうか？

最初に本人がどうしてそのような申し出をするに至ったのか、本人の同意を得てかつ本人のプライバシーに十分な配慮をして、ヒアリングを行うことが必要です。ご本人の性自認が女性であると考えられる場合、性自認に反する働き方を強いることは本人に多大な精神的苦痛をもたらすものであり、説得により何とかなるような類いの問題ではないこと、性自認が重要な人格的利益に関わることを前提に対応を検討する必要があります。会社において性自認に関する知見が十分ない場合には、専門家の助言を得ることも検討すべきです。

本人の性自認が女性であると考えられる場合、会社が本人に、引き続き男性の服装で勤務することを業務命令等により強要することは、特別な事情がない限り、業務の適正な範囲を超える恐れがある行為であります。また、そのような行為を無理解・無遠慮に強いることは広義のプライバシー侵害（人格権侵害）にも該当しうるものであって、ハラスメントに該当する恐れがあります。パワハラについてはパワハラ関連法が成立し、２０２０年４月（中小企業は２０２２年４月）から、パワハラ防止義務が企業に課されることにも留意が必要です。

配置転換は可能か？

では、取引先等の違和感・嫌悪感（の可能性）を理由とする配置転換はどうでしょうか？　本人が営業課長としての勤務を継続したいという希望がある場合、本人も取引先の事情をよくよく理解し、得意先からの誤解を受けかねない点について熟考を重ねた上での決断だと思われます。そこで、まずは営業課長として職務を続けることについて、取引先に対してどのように説明するつもりか、業務に与える影響についてどう考えているのか、本人に確かめる必要があります。

そのうえで配置転換を行うということであれば、（１）業務上の必要性、また（２）業務上の必要性が認められる場合であっても、配置転換が、①不当な動機に基づくものでないこと、②労働者に対し、通常甘受すべき程度を著しく超える不利益を負わせるものでないことを、整理検討する必要があります（東亜ペイント事件・最判昭和61年7月14日）。

たとえば、取引先の保守的かつ体育会的な体質に当該社員が今後なじめるのかどうか、装いの変更を理由に取引を打ち切る可能性があるのかないのか、適切な対応により、そのような事態を回避する可能性があるのかなど、具体的に検討する必要があります（なお、女性のいるクラブを接待に用いることが多いという事情を重視することは、女性営業職の場合を考えても適切ではありません）。業務上の必要性がない場合はもちろん、業務上の必要性があっても、具体的な検討を欠く場合には、性自認にしたがって自認する性別の装いをすること自体を理由とする「不当な動機・目的」に基づく配置転換として、権利の濫用と解される恐れがあります。

なお、検討の際、本人の同意を得ずに、取引先等に対して本人の性自認の状況等を開示するのはアウティングに当たります。不法行為に該当するのみならず、問題をより深刻なものとすることとなりますので注意が必要です。

このような検討を経てもなお、性自認に沿った装いの変更をした本人を営業課長としておくことが、（主として）労働力の適正配置、業務運営の円滑化という点から見て、会社の業績への打撃を生じさせかねないものであると一定程度認められる場合には、配置転換に踏み切る前に、生じうる事態への会社の抱く懸念を本人に十分説明し、当該配置転換が性自認に沿った装いの変更を理由とするものではないことを説明する必要があります。本人の意向に反して配置転換を行う場合には、その後の懲戒処分・配転無効に関する争いを見据えて配転理由をきちんと整理検討し、それを本人に伝えておきます。こうしたプロセスは、会社側の手続きを尽くすという意味で欠くことができません。

まずはカミングアウトした社員に寄り添う姿勢が必要

最後に、あるべき企業対応について考えてみたいと思います。社員が性的マイノリティであることをカミングアウトした場合、企業として取引先等への影響を考える必要はもとより否定できませんが、それのみにフォーカスすることは当該社員との関係を悪化させることになりかねません。

社員がカミングアウトする場合、相当の覚悟をもってのことであることが通常であり、まずは当該社員の話に真摯に耳を傾け、当該社員に寄り添って、安全な職場環境という観点から必要となる配慮について検討する必要があります。人事部はもとより管理職において適切に対応することができるよう、日頃から研修等を通じて専門的知見を得、相談体制を整備しておく必要があります。そうしたことが結果的にはその後のトラブルを防止する最も有効な手段となります。

かかる対応を行ったうえで取引先等との対応を検討する必要がありますが、取引先等において無理解・偏見があると考えられる場合には、担当者が性的マイノリティであることにより業務水準に影響があるものではないこと、万一不都合がある場合にはきちんと対応することなど、取引先の理解を中長期的に得るよう継続的に尽力することが、多くの場合、結果として有用です。なお、事例の参考とした裁判例として、S社性同一性障害者解雇無効事件（東京地決平成14年6月20日）があります。

参考となる「S社性同一性障害解雇無効事件」とは

S社性同一性障害者解雇無効事件は145頁でも取り上げたように、女性の服装、容姿で出勤しないように命じた業務命令に従わなかったこと等を理由として懲戒解雇処分を受けたMtFの従業員が、処分が無効であると主張し、争った事案です。

裁判所は、当該社員が、男性として男性の容姿をして働いていたのに、突然、女性の容姿をして出社し、他の社員はこのような行動を全く予期していなかったであろうことを考えると、他の社員は、女性の容姿をした当該社員を見聞きして、ショックを受け強い違和感を抱き、かつ当時の理解の状況からすれば、社員のうち相当数が、女性の容姿をして就労しようとする社員に対して嫌悪感を抱いたものと認めました。また、取引先や顧客の相当数が、女性の容姿をした社員を見て違和感・嫌悪感を抱くおそれがあるとも述べています。

しかし裁判所は、当該社員が性同一性障害として医師の診療を受け、ホルモン療法を受けて精神的、肉体的に女性化が進み、男性の容姿をして働くことが精神、肉体の両面において次第に困難になっていたことから、他者から男性としての行動を要求されまたは女性としての行動を抑制されると、多大な精神的苦痛を被る状態にあったということができるとして、当該社員が女性の容姿をして就労することを認め、これに伴う配慮をしてほしいと求めることには、相応の理由があると判断しました。

裁判所はさらに、他の社員が当該社員に抱いた違和感及び嫌悪感は、事情を認識し、理解するよう図ることにより、時間の経過も相まって緩和する余地が十分あることなどからして、業務内容、就労環境等について、社員・会社双方の事情を踏まえた適切な配慮をした場合においても、女性の容姿をした当該社員を就労させることが、会社における企業秩序又は業務遂行において著しい支障をきたすとまではいえないと述べて、結論として懲戒解雇を無効と判断したのです（212頁参照）。

顧客が当事者の場合

性別を限定した商品・サービスがトラブルをまねくことも

顧客取引にあたり性的指向が問題となることは多くありません。顧客があえて自分の性的指向を開示しなければ購入・利用できない商品・サービスは少ないからです。一方、性自認の場合、とくに商品・サービスが男性限定・女性限定と銘打っているような場合には、トラブルが発生することがあります。

ここでは次の事例で適切な顧客対応について考えてみます。

当社が企画した『女性向け』キャリア開発セミナー受付に、女性の服装を身につけた一見男性としか見えない参加者が現れました。確かに事前のウェブ申し込みはありましたが、ご本人の外見から他の参加者に混乱が発生することを懸念し、「セミナーは女性向け」と説明し丁重にお断りしたところ、ご自身は女性であり、入場を認めないのは不当だと抗議があり騒ぎとなりました。事態はいったん収拾したものの、その後社長宛の抗議文が届き、ＳＮＳの書き込みも炎上しています。当社はどのように対応すべきだったのでしょうか。

本人の態度・やりとりから、からかい等の不当な目的で参加したと合理的に判断できる場合は別として、事例のような対応を行った場合、損害賠償請求を受け、さらにマスコミ報道・ＳＮＳ等を通じて信用問題に発展する懸念があります。

確かにセミナー受講をだれに認めるかは、契約自由・営業自由の原則に基づき、企業が自由に決定できるはずだという疑問もあるかもしれません。しかし、民間企業であっても、当該対応が不当な差別的取扱いに該当する場合、また人格権を侵害する場合には、経済的損害がなくとも、本人の受けた精神的苦痛に対して不法行為に基づく損害賠償の対象となる可能性は十分あります（民法709条・710条）

限定・排除する合理的な理由はあるか？

適切な対応を考えるにあたって、次の二点をまず確認しておく必要があります。性自認は単なる趣味・嗜好の問題ではなく、本人の意思でいかんともできるものではないこと。また、性別は、社会生活・人間関係における個人の重要な属性として、現代社会に深く根づいていることから、性自認に沿って生きることは重要な人格的利益であり、また性自認と異なる生き方を強いられることは多大な精神的苦痛をもたらされること。この前提を踏まえて適切な対応について、①女性向けセミナーの目的、②性自認が女性である参加者を排除する合理的な理由、③「見た目」を問題にすることについての問題点の順で考えてみます。

セミナーを女性向けにする理由はなんでしょうか？　おそらく女性の社会的地位、職場における現状を踏まえ、男性に劣らない、男性を超える女性のキャリア形成について考えることではないかと思います。性自認が女性で、女性として生き、働くことを希望している場合、そのような参加者を排除する合理的な理由は、セミナーの目的だけからは、見出し得ません。

では、性自認が女性である参加者を排除する他の合理的な理由は見出し得るでしょうか？　会場主催者の通常の懸念は、他の「女性」参加者が懸念を抱くということかもしれません。ただ抽象的・漠然とした懸念では合理的な理由とはいえず、具体的にどのような懸念なのか、本人の人格権侵害・精神的苦痛の可能性を踏まえても出席を排除すべき程度の懸念か、他に懸念を緩和する合理的な方法がないのかを検討する必要があります。セミナーの趣旨・内容、会場の規模、参加者の属性、またどのような対応を行ったのかなど、具体的な状況によるので一律に結論づけることはできませんが、だれでもウェブから申し込むことのできる公開セミナーであれば、一般的にはより強い正当化理由が必要とされるでしょう。

なお、最後に「見た目」を問題にすることの問題点です。トランスジェンダーについては、見た目からくる違和感が問題になることが多く、とくに第二次性徴を過ぎてから性別適合治療をしたとしても、身長や骨格、手足の大きさなど手術ではどうしようもない性別特徴があり、問題はより深刻です。ただ、この事例ではそもそもセミナー参加にあたって戸籍等の提示を求めておらず（戸籍等の提示を求める必要性・当否はさておき）、戸籍・性自認ではなく、外見のみを問題にしていると言わざるを得ません。見た目が周囲に違和感を与えることを理由として差別をされたり、不利益な取扱いを受けたりすることは、誰にとっても不愉快極まりなく、当然、その人の気持ちは大変に傷つけられます（単に見た目がとても男性っぽい女性がこのような処遇を受けたとしたらどうでしょうか？）。企業としては、そもそも見た目を問題にすることの必要性・合理性、またそのような対応をとることについての対外的な説明責任について検討をしておく必要があります。

なお、種々の検討の結果、性自認が女性である参加者を対象外とする合理的な理由がある場合であっても、性自認の確認は不当にプライバシーに踏み込むことになるので、本人が同意した場合に限り、かつ人目に付かない別室などに案内して事情を確認するなど、慎重な配慮が必要となります。

企画段階からの十分な検討が必要

では最後に、あるべき企業対応について考えてみたいと思います。まずその場での対応は必ず思わぬトラブルを招くことから、女性向け（または男性向け）商品・サービス・セミナーを企画する場合には、企画段階から性自認が女性・男性である顧客を対象とするのかしないのか、そうしない合理的な理由（そうしないことについての説明も含め）を検討することが必要です。

事前に企業としての対応方針を明確にし、それを現場レベルで徹底することが最善の対応となります。その場合、他の顧客の違和感・混乱が懸念されるのであれば、セミナー告知にあたって、貴社のダイバーシティ・ポリシーを明らかにするなかで、提供商品・サービスがそのようなオープンな商品・サービスであることを説明しておくことを検討することも有用です。これは個別具体的なトラブルを防止するのみならず、貴社のダイバーシティ&インクルージョン、人権擁護に対する姿勢を社会にアピールするうえでも有用と考えられます。

なお、参考となる裁判例としてゴルフクラブ入会拒否事件（静岡地浜松支判平成26年9月8日）があります。

参考となる「ゴルフクラブ入会拒否事件」とは

ゴルフクラブ入会拒否事件は、性同一性障害のために男性から女性に性別変更をした原告が、性別変更を理由としてゴルフクラブへの入会を拒否されたことに対して損害賠償を求めた事案です。

裁判所は、「私人の行為が看過し得ない程度に他人の権利を侵害している場合、すなわち、社会通念上、相手方の権利を保護しなければならないほどに重大な権利侵害がされており、その侵害の態様、程度が上記規定等の趣旨に照らして社会的に許容しうる限界を超える場合には、不法行為法上も違法になる」との前提を述べたうえで、原告の入会を認めた場合にゴルフクラブが被る不利益（①当該ゴルフクラブの閉鎖的団体である程度、②既存会員の強い不安感・困惑）と、入会拒否により原告が被る不利益（③正会員としてプレーできないこと、④人格の根幹部分を否定されたこと）を比較検討し、入会拒否は違法と結論づけました。

裁判所は、性同一性障害が自己の意思ではいかんともしがたいものであり、単なる趣味・嗜好の問題ではないこと、他方で、既存会員が感じる不安・困惑は抽象的な危惧に過ぎないことを認定しています（209頁参照）。

また、後者の点については、ゴルフクラブ側が既存の正会員にアンケートを実施して入会への賛否を問い、総回答546名のうち、入会拒否に賛成が323名、反対が63名、わからない・どちらともいえないが160名であったという結果を認定していながら、私的団体の決定といえども、「もとより公序に反し違法な決定に当たるのであれば、団体の構成員の相当数が賛同するという理由によって肯認されるべきものではない」と述べている点も留意すべきポイントです。

おわりに――本書を手にとっていただいた方へ

　これまで多くの企業の人事担当者の方とＬＧＢＴ施策についてお話しするなかで、企業で取り組みたいけれど、上層部に必要性を説明することが難しい、どこから手をつけ、誰を巻き込んだらよいか、どのような施策に効果があるのかわからないというようなご意見を伺うたびに、私自身が企業でＬＧＢＴ施策に取り組みながら感じてきた疑問や不安が未だ存在することを痛感してきました。その原因として、施策に取り組む人事担当者にとって、実務的でわかりやすい情報が国内に不足していることがあると感じています。

　しかしながら、ＬＧＢの性的指向に関する課題と、Ｔの性自認と性表現に関する課題が異なるだけではなく、ＬＧＢＴに当てはまらないセクシュアリティ固有の課題もあり、また、同じセクシュアリティだからといって、職場で同じ問題に直面するとはいえないため、「これをしたらダメ」「これをしたら正解」というようなマニュアルを作ることは、企業のＬＧＢＴ施策には適切ではありません。とはいえ、個別対応を続けていれば問題がないというわけでもなく、担当者の理解度によって対応が変わってしまったり、声をあげた社員の要望だけが対応されたりと、不平等が生じます。そのため、性的指向、性自認、性表現に関わらず働きやすい職場環境をつくるために、会社としての方針や制度を整備することが重要です。そのうえで、個別対応ができるような事例集やガイドラインを策定し、社員に幅広く周知する必要があります。

本書は、「ＬＧＢＴとアライのための法律家ネットワーク」（ＬＬＡＮ）の実務法律家の方々と、人事でＬＧＢＴ施策に取り組んできた私の経験と、お話を聞かせていただいた企業の人事担当者の方々の知見をもとに、法律と実務の観点からＬＧＢＴ施策の手法と考え方をまとめました。企業の担当者の方々がＬＧＢＴ施策に取り組む際に気軽に手にとって参照していただける書籍として活用していただけたら幸いです。また、日本企業のＬＧＢＴ施策は未だ道半ばであり、一般論として定義するだけの数の事例があるわけではありません。今後も、より多くの知見と事例を集約し、企業のＬＧＢＴ施策を少しでも前に進めるために、ぜひ皆さまのご意見を頂戴できればと存じます。

ここで少し昔話をさせてください。私が企業のＬＧＢＴ施策に関わり始めたのは２０１０年、日系金融機関のリサーチ部門に勤務していた時にＬＧＢＴ社員ネットワークのリーダーに就任したことがきっかけでした。それまでリーダーを務めていたゲイの社員が退社し、人事部が後任を探していたところ、当時の職場にはカミングアウトしているＬＧＢＴ当事者がいなかったそうで、「東さんは外資系出身だからＬＧＢＴのこと、わかりますよね」と半ば無茶振りで任されました。不安はありましたが、次にカミングアウトする人が出てくるまでという条件でリーダーを引き受けたものの、社員ネットワークにもカミングアウトしているＬＧＢＴ当事者はおらず、ＬＧＢＴ施策に取り組んでいる日系企業も他にはなかったので、何をすればよいか、何が必要とされているか全くわかりませんでした。LGBT施策に取り組んでいた外資系企業の知人を頼ったり、LGBT関連の活動家やNPO団体を紹介してもらったり、手探りで情報を集めました。そんな時に、「アメリカにはアライという言葉があって、当事者でなくてもできることがあるんですよ」と教えられ、「カミングアウトしているLGBT当事者が職場にいないのなら、私がアライになって、アライを増やす活動をすればいいのだ」と思い立ちました。

LGBT活動家の方々とお話しする中で、彼らがカミングアウトをしても問題のない相手かどうかを判断するには、男らしさ女らしさのように、既定の男女の枠にはまった価値観を強調する発言をしていないか、性別に関わらず公平な態度を取っているかなど、日頃の言動で見極めていると知りました。相手がLGBTに対する差別的な意識をもっているかどうかは目で見て簡単に判断することはできません。そこで、LGBTの尊厳を表す6色の虹色の「アライステッカー」を作成し、職場のデスクに貼ることによりアライであることを表明できるようにしました。当時は社員ネットワークの活動予算は少なく、社員ネットワークのメンバーと共にデザインしたアライマークを厚紙にカラー印刷して、紙を丸く切り抜く手芸キットと両面テープを使ってステッカーを手作りしていました。

このような活動を手探りで続けていると、LGBT活動家の方々や職場ではカミングアウトしていないLGBT当事者の社員たちが、職場で直面する困難やあったらよいと思う制度や取り組みについて話してくれるようになりました。また、アライとして共に活動する仲間も増えてきました。仲間たちと共に、企業に求められるＬＧＢＴ施策を導入し、意見を取り入れて改善を重ねながら、これまでアライの活動を続けることができました。

ＬＧＢＴ施策は上層部から賛同を得ることが難しく、複雑に見えるかもしれませんが、予算をかけなくてもできることはたくさんあります。できることから進めると、次の課題が見えてきます。そして、誰かが歩み寄って、一緒に悩んで歩んでくれます。そんなことを長年にわたって体感しているからこそ、本書には「できるところから一歩を踏み出してください」というメッセージを込めさせていただきました。その一歩が誰かの勇気につながると信じています。

最後になりましたが、本書を執筆するにあたり、お話を聞かせてくださった企業の人事担当者の皆さまと、特定非営利活動法人ReBitの薬師実芳代表のご協力に深謝いたします。また、志を共にし、本書の共同執筆にお声がけいただいた「ＬＧＢＴとアライのための法律家ネットワーク」（ＬＬＡＮ）の藤田直介先生と、株式会社法研の市田花子氏に、心より感謝申し上げます

Allies Connect 代表

東　由紀

は惹かれない人など、多くのカテゴリーがある。(→128頁)

アライ ▶
理解者、支援者、同盟と訳される。英語で仲間や味方、同盟を意味するAllyが語源(→93頁)

インターセックス ▶
性別を特定する染色体パターンが一般的なものと合致せず、生殖器の発育が未分化であること(→36頁)

カミングアウト ▶
自らのセクシュアリティを自分の意思で他者に伝えること。クローゼットから出てくるという意味の「coming out of the closet」という英語の表現から派生した言葉(→83頁)

セクシュアルハラスメント ▶
性的な言動によるいやがらせ。セクハラ。セクハラの要件となる「性的な言動」について、国家公務員に適用される人事院規則においては、「性的な関心や欲求に基づく言動をいい、性別により役割を分担すべきとする意識又は性的指向若しくは性自認に関する偏見に基づく言動も含まれる」とされている(→177頁)

ダイバーシティ／ダイバーシティ・インクルージョン ▶
多様性／多様性を認め、活かす取り組み(→81頁)

パワハラ／パワーハラスメント ▶
優越的な関係を背景とする業務上必要な範囲を超えた言動により、労働者の就業環境が害されること(→177頁)

性自認 ▶
Gender Identity：ジェンダー・アイデンティティ。自己の性別についての認識のこと

性的指向 ▶
Sexual Orientation：セクシュアル・オリエンテーション。自己の恋愛または性愛の対象となる性別の指向のこと

性同一性 ▶ 性自認が、生物学的な性別と一致していること

性別違和 ▶ 生物学的な性別と性自認にずれがあり、違和感があること

本書で使用した主な用語の解説まとめ

アルファベット順

LGBT（LGBTI／LGBTQ／LGBT+）▶
Lesbian（レズビアン、女性同性愛者）、Gay（ゲイ、男性同性愛者）、Bisexual（バイセクシュアル、両性愛者）、Transgender（トランスジェンダー、性別越境者）の頭文字をとった表記で、セクシュアル・マイノリティ（性的少数者）の総称の1つ。インターセックス（→別項）の頭文字を加えた「LGBTI」、クエスチョニング（Questioning:：性的指向・性自認が定まっていない人）、あるいはクィア（Queer：性的少数者の総称）の頭文字を加えた「LGBTQ」、さらにはアセクシュアル（→別項）、Xジェンダー（→別項）など、性のあり方は多様であることを示す意味を込めて「LGBT+」「LGBTs」などと表記されることもある

MtF ▶
Male to Femaleの略。身体的、社会的な性別が男性である人が、女性へと移行することを指す（→145頁）。身体的、社会的な性別が女性である人が男性へと移行する場合は、FtM（Female to Male）と表記される

PRIDE指標（プライド指標）▶ 企業等のLGBT施策を評価する指標（→33頁）

SOGI／SOGIE ▶
Sexual Orientation（性的指向）、Gender Identity（性自認）の頭文字。見た目の装いやふるまいなど、自分自身の性表現（Gender Expression）を含めて、SOGIEと表記されることもある（→126頁）

SOGIハラ ▶ 性的指向・性自認に対するハラスメント（→178頁）

Xジェンダー ▶ 性自認が男女いずれにも規定されていない人（→128頁）

五十音順

アウティング ▶
outing：暴露。カミングアウト（→別項）をしていない人のセクシュアリティを、本人の意思に反して、もしくは本人の意思を確認せずに他者が公表すること（→83頁）

アセクシャル ▶ 恋愛的感情の有無にかかわらず、他者に性的に惹かれることがない人の総称。他者に恋愛的にも性的にも惹かれない人や、恋愛的には惹かれても性的に

裁判官の考え

「近時、価値観や生活形態が多様化し、婚姻を男女間に限る必然性があるとは断じ難い状況となっている。世界的に見ても、同性のカップル間の婚姻を法律上も認める制度を採用する国が存在するし、法律上の婚姻までは認めないとしても、同性のカップル間の関係を公的に認証する制度を採用する国もかなりの数に上っていること、日本国内においても、このような制度を採用する地方自治体が現れてきていることは、公知の事実でもある。かかる社会情勢を踏まえると、同性のカップルであっても、その実態に応じて、一定の法的保護を与える必要性は高いということができる（婚姻届を提出することができるのに自らの意思により提出していない事実婚の場合と比べて、法律上婚姻届を提出したくても法律上それができない同性婚の場合に、およそ一切の法的保護を否定することについて合理的な理由は見いだし難い）。」

「また、憲法24条１項が「婚姻は、両性の合意のみに基いて成立し」としているのも、憲法制定当時は同性婚が想定されていなかったからにすぎず、およそ同性婚を否定する趣旨とまでは解されないから、前記のとおり解することが憲法に反するとも認められない。」

「そうすると、法律上同性婚を認めるか否かは別論、同性のカップルであっても、その実態を見て内縁関係と同視できる生活関係にあると認められるものについては、それぞれに内縁関係に準じた法的保護に値する利益が認められ、不法行為法上の保護を受け得ると解するのが相当である」

(http://www.courts.go.jp/app/hanrei_jp/detail4?id=88944)

【参考文献】

日本学術会議法学委員会　社会と教育におけるLGBTIの権利保障分科会「性的マイノリティの権利保障をめざして－婚姻・教育・労働を中心に－」2017年9月29日 http://www.scj.go.jp/ja/info/kohyo/pdf/kohyo-23-t251-4.pdf

三成美保編著「LGBTの雇用と労働─当事者の困難とその解決方法を考える」晃洋書房、2019年

谷口洋幸、齊藤笑美子、大島梨沙編著「性的マイノリティ判例解説」信山社出版、2011年

日本労働組合総連合会「性的指向及び性自認（SOGI）に関する差別禁止に向けた取り組みガイドライン」2017年

東京弁護士会性の平等に関する委員会セクシュアル・マイノリティ プロジェクトチーム編著「セクシュアル・マイノリティの法律相談 LGBTを含む多様な性的指向・性自認の法的問題」ぎょうせい、2016年

裁判官の考え

「特例法３条1項の規定に基づき男性への性別の取扱いの変更の審判を受けた者は、以後、法令の規定の適用について男性とみなされるため、民法の規定に基づき夫として婚姻することができるのみならず、婚姻中にその妻が子を懐胎したときは、同法722条の規定により、当該子は当該夫の子と推定されるべきである。」

「性別の取扱いの変更の審判を受けた者については、妻との性的関係によって子をもうけることはおよそ想定できないものの、一方でそのような者に婚姻することを認めながら、他方で、その主要な効果である同条による嫡出の推定についての規定の適用を、妻との性的関係の結果もうけた子であり得ないことを理由に認めないとすることは相当でないというべきである。」

(最高裁判所民事判例集67巻9号1847号　http://www.courts.go.jp/app/hanrei_jp/detail2?id=83810)

4　同性カップルに対する保障に関する裁判例

■外国人同性パートナー在留資格事件

（平成29年3月24日東京地裁に提訴、訴訟取り下げにより終了）

日本人の同性のパートナーと20年以上同居していた台湾国籍の男性について、オーバーステイを理由として、国外退去処分がなされたところ、在留特別資格を求めて提訴した事案。原告代理人公表文によると、提訴後、平成31（2019）年3月15日付で、法務省入国管理局は、国外退去処分を取り消し、在留を特別に許可した（出入国及び難民認定法50条1項）ため、判決を待たずに訴訟は終了した(154頁参照)。

■同性カップル準事実婚事件（宇都宮地判令和元年9月18日）

7年間にわたり同居し、また、同性婚が認められている米国ニューヨーク州で婚姻し、共同生活のための新居を購入するなどしていた女性が、相手方女性の不貞行為を原因として両者間の事実婚（内縁関係）が破綻したとして、婚姻関係の解消に伴う費用等相当額337万4000円及び慰謝料300万円を求めた事案。

3　性同一性障害者特例法をめぐる裁判

■ 生殖能力喪失要件最高裁決定（最決平成31年1月23日）

性同一性障害者について、性別の取扱いの変更に「生殖腺がないこと又は生殖腺の機能を永続的に欠く状態にあること」を求める性同一性障害者の性別の取扱いの特例に関する法律の規定は、憲法に違反しないと判断された事案。補足意見が付された。

裁判官の考え

「配慮の必要性、方法の相当性等は、性自認に従った性別の取扱いや家族制度の理解に関する社会的状況の変化等に応じて変わり得るものであり、このような規定の憲法適合性については不断の検討を要するものというべきであるが、本件規定の目的、上記の制約の態様、現在の社会的状況等を総合的に較量すると、本件規定は、現時点では、憲法13条、14条１項に違反するものとはいえない。」

【鬼丸かおる裁判官、三浦守裁判官補足意見】
「本件規定は、現時点では、憲法13条に違反するとまではいえないものの、その疑いが生じていることは否定できない。……性同一性障害者の性別に関する苦痛は、性自認の多様性を包容すべき社会の側の問題でもある。その意味で、本件規定に関する問題を含め、性同一性障害者を取り巻くさまざまな問題について、更に広く理解が深まるとともに、一人ひとりの人格と個性の尊重という観点から各所において適切な対応がされることを望むものである。」
(http://www.courts.go.jp/app/hanrei_jp/detail2?id=88274、判例タイムズ1463号74頁)

■ FtM嫡出推定事件（最決平成25年12月10日）

性同一性障害者の性別の取扱いの特例に関する法律に基づき戸籍上の性別を変更したFtMのトランスジェンダー男性が女性と結婚し、妻が婚姻中に人工授精によって長男をもうけたが、その長男の戸籍の父欄が空欄とされたことから、父子関係の推定が及ぶとして訴訟を提起した事案。最高裁は、当該子については嫡出推定が及び、法律上の父子関係を認めると判断した事案。

■ゴルフクラブ入会拒否事件（静岡地浜松支判平成26年9月8日）

ゴルフクラブへの入会を希望したMtFのトランスジェンダー当事者が、性別変更を理由に入会及びゴルフクラブ経営会社の株式譲渡承認を拒否されたため、ゴルフクラブ経営会社に対して慰謝料等の支払いを求めた事案（197頁参照）。

裁判官の考え

「被告クラブが……被る不利益も抽象的な危惧に過ぎない一方で、原告が被った精神的損害は重大なものであること、特例法が施行されてから本件入会拒否及び本件承認拒否までに約8年が経過しており、同障害が単なる趣味・嗜好の問題ではなく、本人の意思とは関わりなく罹患する疾患であることが相当程度社会においても認識され、また、被告らにおいても認識すべきであったと認められることなどにも鑑みれば、……本件入会拒否及び本件承認拒否は、憲法14条1項及び国際人権B規約26条の規定の趣旨に照らし、社会的に許容しうる限界を超えるものとして違法というべきである。」

（判例時報2243号67頁）

■四谷署留置事件（東京地判平成18年3月29日）

戸籍上及び生物学上の性は男性であるが、内心及び身体の外形において女性である留置人に対して、男性警察官が身体検査を行ったこと、同人を男性留置人との共同房に留置したことについて、裁判所が違法と判断した事案。

裁判官の考え

「直ちに一般の女子に対するのと同様に扱うことはできないとしても、必要最小限性、相当性の判断は、具体的事情に応じてなされるべきであり、少なくとも、内心において女性であるとの確信を有し、外見上も女性としての身体を有するものに対する身体検査においては、特段の事情のない限り、女子職員が身体検査を行うか、医師若しくは成年の女子を立ち会わせなければならないと解するのが相当である。」

「その名誉、羞恥心及び貞操等を保護し、留置場内の規律を維持するため、原則として、原告を男子と区分し留置すべきであると言える。」

（判例時報1935号84頁、判例タイムズ1243号78頁）

■一橋大学アウティング事件（東京地判平成30年2月27日）

一橋大学法科大学院に通う学生が、同級生に、自身がゲイであること、想いを寄せていたことを告白したところ、当該同級生が他の学生にアウティングを行った。後日、カミングアウトをした学生が授業を途中で抜け出し、自殺した。自殺した学生の両親が、アウティングをした学生、一橋大学に対して、損害賠償を求めて提訴した事案。判決文は公表されていない。報道等によると、アウティングをした学生と遺族は和解がなされ、その後、東京地裁は、大学側が安全配慮義務に違反したとは認められないとして、請求を棄却している。

2 無理解・差別・偏見に関する裁判例

■府中青年の家事件（東京地判平成6年3月30日、東京高判平成9年9月16日）

LGBT団体が、東京都の青年の家を利用しようとしたところ、「複数の同性愛者を同室で宿泊させた場合、性的行為に及ぶ可能性があり、重大な混乱や摩擦を招き、青少年の性意識に多大な悪影響を及ぼす」等といった理由で、その利用申込みが不承認とされたことについて、東京都教育委員会の行為の違法性を認めた事案（27頁参照）。

裁判官の考え

「行政当局としては……少数者である同性愛者も視野に入れた、肌理の細やかな配慮が必要であり、同性愛者の権利、利益を十分に擁護することが要請されているものというべきであって、無関心であった知識がないということは……許されない。」

「同性愛者の利用権を不当に制限し、結果的、実質的に不当な差別的取扱いをしたものであり、施設利用の承認不承認を判断する際に、その裁量権の範囲を逸脱したものであって、地方自治法244条2項、都成年の家条例8条の解釈適用を誤った違法なものというべきである。」

■ HIV内定取消事件（札幌地判令和元年9月24日）

ヒト免疫不全ウイルス（HIV）に感染している北海道の30代の男性が、北海道内において病院を経営する被告の求人に応募し内定を得たものの、その後就労に関して問題なく、業務上、職場での他者への感染の心配はない旨の診断書を提出したにもかかわらず、病気に関する質問に対し正確な回答をしなかったとして内定を取り消された事案。

裁判官の考え

「近年、HIVに関する医学的知見が進展し、治療方法が確立されてきているものの、現在でもなおHIV感染者に対する社会的偏見や差別が根強く残っていることは、公知の事実である……HIVに感染しているという情報は、極めて秘密性が高く、その取扱いには極めて慎重な配慮が必要であるというべきである。……一方、HIVは、性行為を除く日常生活によっては感染せず（性行為による感染率も１％程度と極めて低いものである。）、血液を介しての感染についても、HIVが存在する血液の輸血や注射器具の共用など、極めて例外的な状況でのみ感染が想定されるものである……原告が被告病院で稼働することにより他者へHIVが感染する危険性は、無視できるほど小さいものであったというべきである。以上の事情を総合考慮すると、原告が被告に対しHIV感染の事実を告げる義務があったということはできない。」

「原告が被告に対しHIV感染の事実を告げる義務はなかったのであるから、原告が本件面接において持病の有無を問われた際に上記事実を告げなかったとしても、これをもって内定を取り消すことは許されないというべきである。」

「HIVに感染しているという情報は、極めて秘密性が高く、その取扱いには極めて慎重な配慮が必要であるのに対し、HIV感染者の就労による他者への感染の危険性は、ほぼ皆無といってよい。そうすると、そもそも事業者が採用に当たって応募者に無断でHIV検査をすることはもちろんのこと、応募者に対しHIV感染の有無を確認することですら、HIV抗体検査陰性証明が必要な外国での勤務が予定されているなど特段の事情のない限り、許されないというべきである。」

(http://www.courts.go.jp/app/hanrei_jp/detail4?id=88968)

1 職場等に関する裁判例

■ S社性同一性障害者解雇無効事件（東京地決平成14年6月20日）

MtFの従業員に対して、①配転命令（配転内示にあたって配転先において女性として就労することを認めてほしい旨の申出をしたが受け入れられなかった）、②女性の服装、容姿で出勤しないように命じた服務命令に従わなかったこと等を理由として行った懲戒解雇は、権利濫用として無効であると判断された事案（145、191頁参照）。

裁判官の考え

「性同一性障害として……他者から男性としての行動を要求され又は女性としての行動を抑制されると、多大な精神的苦痛を被る状態にあったということができる。……社員が抱いた違和感及び嫌悪感は……事情を認識し、理解するよう図ることにより、時間の経過も相まって緩和する余地が十分ある。……取引先や顧客が抱き又は抱くおそれのある違和感及び嫌悪感については、業務遂行上著しい支障を来すおそれがあるとはいえない。のみならず、債務者は、債権者に対し、本件申出を受けた1月22日からこれを承認しないと回答した2月14日までの間に、本件申出について何らかの対応をし、また、この回答をした際にその具体的理由を説明しようとしたとは認められない上、その後の経緯に照らすと、債権者の性同一性障害に関する事情を理解し、本件申出に関する債権者の意向を反映しようとする姿勢を有していたとも認められない。債務者において、債権者の業務内容、就労環境等について、本件申出に基づき、債務者、債権者双方の事情を踏まえた適切な配慮をした場合においても、なお、女性の容姿をした債権者を就労させることが、債務者における企業秩序又は業務遂行において、著しい支障を来すと認めるに足りる疎明はない。」

■ 経済産業省事件（平成27年11月13日東京地裁に提訴、係争中）

戸籍上の性別は男性、性自認は女性である経済産業省の職員が、人事異動や女性トイレの禁止等の差別的処遇があったとして、処遇改善や損害賠償を求めて提訴した事案（146頁参照）。

別の事案のほか、2019年には、同性カップルについて、事実婚のカップルに準ずる法的保護を認める画期的な判決があったほか、在留資格についても、今後、日本人と実質的に婚姻と準ずる関係にある外国人同性パートナーに在留資格を付与する途を開く可能性を示した画期的な裁判例（提訴後在留資格が認められたことから取り下げにより終結。154頁参照）がありました。

これらの裁判例は、紛争・トラブルの予防、またトラブルが発生した場合における適切な対応について、実務上有用な示唆に富んでいます。裁判官が行った判断も重要ですが、実際の事案そのものにも多くの教訓が含まれていますので、ぜひお手にとって読んでいただければと思います。下記で紹介する裁判例については、図書館・インターネット・判例サービスなどで入手が可能です。判例の調べ方については国立国会図書館の「判例の調べ方（https://rnavi.ndl.go.jp/research_guide/entry/hanrei.php)」などをご参照ください。

なお、事案の概要については、判決・決定文が公表されている場合には当該内容により、公表されていない場合や係争中の事件については、報道等によっています。

LGBTをめぐる裁判例

古い裁判例には性的少数者に対する理解に欠けるケースが見られますが、1994年の東京都府中青年の家事件などを皮切りに、多くの勇気ある当事者、代理人弁護士、そしてその支援者の尽力により、また社会情勢や社会における理解の進展を踏まえて、当事者が直面する困難について正確な理解を示す裁判例が、とくに近年、増加しています。

トランスジェンダー当事者をめぐる裁判例が多いのが特徴的ですが、近年は同性カップルの保障に関する注目すべき裁判例も増えており、またHIV感染など、社会に残る根強い偏見に起因する事案もあります。

トランスジェンダー当事者は、戸籍上の性がその自認する性と一致しないことから、職場その他各種社会生活の場で多くの困難に直面していますが、そのような困難に対する理解不足や偏見に起因するハラスメント、差別的取扱い、解雇をめぐる事件があります。また、「性同一性障害者の性別の取扱いに関する特例法」(144頁参照)は、当事者に、自認する性に戸籍上の性を適合する途を開きましたが、その要件をめぐる最高裁判所の決定を含む裁判例をお読みいただくと、まだまだ当事者の困難に対する救済が不十分であることが理解できると思います。

ゲイ・レズビアン当事者については、偏見に基づくハラスメント・差

同性間の婚姻（同性婚）

■米国商工会議所「日本で婚姻の平等を確立することにより人材の採用・時事の支援を」（2018年9月）http://llanjapan.org/news/930
■藤戸敬貴「性の在り方の多様性と法制度：同性婚、性別変更、第三の性」（2019年4月）http://dl.ndl.go.jp/info:ndljp/pid/11275349
■同性婚人権救済弁護団「同性婚 だれもが自由に結婚する権利」（2016年10月）

その他参考文献・URL

■厚生労働省「公正な採用選考について」
https://www.mhlw.go.jp/www2/topics/topics/saiyo/saiyo1.htm
■厚生労働省「事業主が職場における性的な言動に起因する問題に関して雇用管理上講ずべき措置についての指針」（厚生労働省「職場のセクシュアルハラスメント対策はあなたの義務です!!」
https://www.mhlw.go.jp/stf/seisakunitsuite/bunya/0000088194.html 第VII章参照）
■「なくそう！ SOGIハラ」実行委員会編「はじめよう！SOGIハラのない学校・職場づくり」（2019年7月）

LGBT関連のおすすめ映画

邦画：「私はワタシ」
「カランコエの花」
「愛と法」
「彼らが本気で編むときは」

洋画：「ジェンダーマリアージュ」
「ハンズオブラブ」
「パレードへようこそ」
「チョコレートドーナッツ」

■NPO法人虹色ダイバーシティ「職場におけるLGBT・SOGI入門」（2019年2月、通信販売—http://ndiversity.theshop.jp/items/17508234）
■参議院常任委員会調査室・特別調査室「LGBTの現状と課題」（2017年11月）
https://www.sangiin.go.jp/japanese/annai/chousa/rippou_chousa/backnumber/2017pdf/20171109003.pdf
■柳沢正和・村木真紀・後藤純一「職場のLGBT読本」（実務教育出版　2015年7月）

企業ベストプラクティス

■日本経済団体連合会「ダイバーシティ・インクルージョン社会の実現に向けて」（2017年5月）https://www.keidanren.or.jp/policy/2017/039.html
■work with Pride Pride指標の各年のレポートを参照
https://workwithpride.jp/pride-i/

法実務

■弁護士法人東京表参道法律事務所「ケーススタディ 職場のLGBT」（ぎょうせい　2018年）
■東京弁護士会LGBT法務研究部「LGBT法律相談対応ガイド」（第一法規　2017年）
■東京弁護士会 性の平等に関する委員会セクシュアル・マイノリティプロジェクトチーム「セクシュアル・マイノリティの法律相談」（ぎょうせい　2016年）
■LGBT支援法律家ネットワーク出版プロジェクト「セクシュアル・マイノリティQ&A」（弘文堂　2016年）
■大阪弁護士会人権擁護委員会性的指向と性自認に関するプロジェクトチーム「LGBTsの法律問題Q&A」（LABO　2016年）

トランスジェンダー

■NPO法人虹色ダイバーシティ「ヒアリングシート」（140頁参照）
http://nijiirodiversity.jp/tghearingsheet/
■NPO法人虹色ダイバーシティ、株式会社LIXIL「性的マイノリティのトイレ問題に関するWEB調査結果」（2016年）
■東 優子・虹色ダイバーシティ・ReBit「トランスジェンダーと職場環境ハンドブック だれもが働きやすい職場づくり」（日本能率協会マネジメントセンター　2018年）
■針間克己「性別違和・性別不合へ」（緑風出版　2019年）
■藤戸敬貴「性の在り方の多様性と法制度：同性婚、性別変更、第三の性」（2019年4月）http://dl.ndl.go.jp/info:ndljp/pid/11275349
■藤戸敬貴「性同一性障害者特例法とその周辺」（2017年9月）
http://dl.ndl.go.jp/info:ndljp/pid/10954752

第2章　LGBT施策構築のポイント

社外の相談先――国・自治体等

■よりそいホットライン　https://www.since2011.net/yorisoi/
■東京都「性自認及び性的指向に関する専門電話相談」
http://www.soumu.metro.tokyo.jp/10jinken/tobira/lgbt-soudan.html
■東京都渋谷区「アイリスにじいろ電話相談」
https://www.city.shibuya.tokyo.jp/shisetsu/bunka/oowada/iris_soudan.html
■東京都世田谷区「性的マイノリティの方の電話相談」
https://www.city.setagaya.lg.jp/mokuji/kurashi/008/007/d00152781.html
■その他相談窓口につき虹色ダイバーシティのサイト
http://nijiirodiversity.jp/lgbt_telephone/　など参照

社外の相談先――弁護士会（一部）

■札幌弁護士会「にじいろ法律相談」
https://www.satsuben.or.jp/center/by_content/detail15.html
■東京弁護士会「セクシュアル・マイノリティ電話法律相談」
https://www.toben.or.jp/know/iinkai/seibyoudou/news/post_26.html
■千葉県弁護士会「LGBTs専門相談」
https://www.chiba-ben.or.jp/news/2019/000503.html
■大阪弁護士会「LGBTsのための電話相談」
https://www.osakaben.or.jp/01-aboutus/committee/room/jinken/04.php
■福岡県弁護士会「LGBT無料電話法律相談」https://www.fben.jp/whats/lgbt.html

第3章　テーマ別に考える「具体的な対応」

全般

■藤田直介・東由紀・稲場弘樹「待ったなし！企業によるLGBT支援の仕組み」第二東京弁護士会機関誌連載2019年10月号、11月号（予定）、12月号（予定）
http://niben.jp/niben/books/frontier/backnumber.html
■石田仁「はじめて学ぶLGBT」（ナツメ社　2019年）
■谷口洋幸編著「LGBTをめぐる法と社会」（日本加除出版株式会社　2019年）

■NPO法人虹色ダイバーシティ「地方自治体の同性パートナー認知件数」（随時更新）
http://nijiirodiversity.jp/category/open-data/regional-partners/
■同性パートナーシップ・ネット「全国自治体パートナーシップ制度検討・実施状況」（随時更新）https://www.samesexpartnershipjp.org/blank-8
■指定都市市長会「性的少数者に係る窓口の一元化及びパートナーシップ制度を含めた取組の強化に関する指定都市市長会要請」（2018年7月）
http://www.siteitosi.jp/activity/honbun/h30_07_23_03.html

差別解消条例

■国立市「国立市女性と男性及び多様な性の平等参画を推進する条例」http://www.city.kunitachi.tokyo.jp/shisei/unei/sankaku/tayounaseijyourei/1516940878184.html
■世田谷区「世田谷区多様性を認め合い男女共同参画と多文化共生を推進する条例」
https://www.city.setagaya.lg.jp/mokuji/kurashi/008/001/d00158583.html
■東京都「東京都オリンピック憲章にうたわれる人権尊重の理念の実現を目指す条例」http://www.soumu.metro.tokyo.jp/10jinken/tobira/pdf/regulations2.pdf
■茨城県「茨城県男女共同参画推進条例」
http://www.pref.ibaraki.jp/bugai/josei/danjo/jorei-jorei.html
■豊島区「豊島区男女共同参画推進条例」
https://www1.g-reiki.net/toshima/reiki_honbun/l600RG00000640.html
https://www.city.toshima.lg.jp/049/1901151718.html

国の取り組み

■自由民主党「性的指向・性同一性（性自認）に関するQ&A」（2019年6月）
https://www.jimin.jp/news/policy/132489.html
■立憲民主党「【絵で見る政策】婚姻平等法案・LGBT差別解消法案」
https://cdp-japan.jp/news/20190531_1736

国際的な動向

■ILGA（インターナショナル・レズビアン・ゲイ・トランスジェンダー・インターセックス連盟）
ホームページ（英文）https://ilga.org/
各国の法制度動向についてはResourcesのタブを参照
■NPO法人EMA日本「世界の同性婚」（随時更新）
http://emajapan.org/promssm/world
■国連の取り組み
ジョグジャカルタ原則（英文）https://www.icj.org/yogyakarta-principles/
UN Free and Equal（英文）https://www.unfe.org/

同性間の婚姻（同性婚）

■2015年7月7日日本弁護士連合会に対する人権救済申立ての内容・経緯につき同性婚人権救済弁護団のホームページ　http://douseikon.net/
■2019年7月24日上記申立てを受けた日本弁護士連合会「同性の当事者による婚姻に関する意見書」
https://www.nichibenren.or.jp/document/opinion/year/2019/190718_2.html
■2019年2月14日同性カップルが結婚できないことは憲法違反であるとの裁判所の判断を求めた訴訟については「一般社団法人Marriage For All Japan 一結婚の自由をすべての人に」 http://marriageforall.jp/
■CALL4（コールフォー）のサイトにて訴訟書類を閲覧できる。「ケースを知る＞結婚の自由をすべての人に訴訟（同性婚訴訟）」のタブを参照
https://www.call4.jp/info.php?type=items&id=I0000031

work with Pride

■work with Prideホームページ　https://workwithpride.jp/
■PRIDE指標について　https://workwithpride.jp/pride-i/

企業の取り組み

■日本経済団体連合会「ダイバーシティ・インクルージョン社会の実現に向けて」（2017年5月） https://www.keidanren.or.jp/policy/2017/039.html
■経済同友会「ダイバーシティと働き方に関するアンケート調査結果」（2018年4月）
https://www.doyukai.or.jp/policyproposals/articles/2018/180424a.html
■国際連合人権高等弁務官事務所「企業のための行動基準」（2017年９月）
ホームページ（英文）https://www.unfe.org/standards/
報告書日本語訳　https://www.unic.or.jp/news_press/info/28913/

SDGsとLGBT

■Stonewall International「LGBT Inclusion and the Sustainable Development Goals」（2016年1月）　https://www.stonewall.org.uk/resources/lgbt-inclusion-and-sustainable-development-goals
■NPO法人虹色ダイバーシティ「LGBTとSDGs、虹色ダイバーシティの取り組みまとめ」（2018年12月）http://nijiirodiversity.jp/sdgs/

自治体の取り組み

■「LGBT自治体施策提言集」 https://regionallgbtpolicy.jp/

実務担当者のための参考文献・URL

参考URLは2019年11月4日現在有効であることを確認しています。なお、URLアクセス便宜のため、LLANのホームページ（llanjapan.org/lgbtinfo）にて、参考文献・URLリストを公開しています（随時アップデート予定）。ご利用ください。

第1章　なぜLGBT施策が必要なのか

各種調査・アンケート結果

■厚生労働省 国立社会保障・人口問題研究所 室長・釜野さおり他「大阪市民の働き方と暮らしの多様性と共生にかんするアンケート」（2019年4月速報公表・2020年4月報告書公表予定） https://osaka-chosa.jp/

■日本労働組合総連合会「LGBTに関する職場の意識調査」（2016年8月）
https://www.jtuc-rengo.or.jp/info/chousa/data/20160825.pdf

■電通ダイバーシティ・ラボ「LGBT調査2018」（2019年1月）
http://www.dentsu.co.jp/news/release/pdf-cms/2019002-0110.pdf

■Gallup調査「In U.S., Estimate of LGBT Population Rises to 4.5%」（英文・2018年5月）
https://news.gallup.com/poll/234863/estimate-lgbt-population-rises.aspx

■NPO法人虹色ダイバーシティ・国際基督教大学ジェンダー研究センター「LGBTと職場に関する調査」（定期的に実施）
http://nijiirodiversity.jp/category/open-data/questionnaire/

■谷口洋幸・石田仁・釜野さおり・河口和也・堀江有里「全国自治体における性自認・性的指向に関する施策調査」（2017年8月）
http://alpha.shudo-u.ac.jp/~kawaguch/seisaku_chousa.pdf

■博報堂ＤＹグループの株式会社 LGBT 総合研究所「2016 年度LGBT 意識行動調査」（2017年2月） https://www.hakuhodo.co.jp/uploads/2017/02/20170208-1.pdf

裁判例

■「LGBTをめぐる裁判例」（206～214頁）参照。府中青年の家事件、S社性同一性障害者解雇無効事件については、中央大学2018年連続公開講座「LGBTをめぐる法と社会」「第１回　LGBTと人権 府中青年の家事件を振り返る」、「第４回　LGBTと企業 職場の作り方、関わり方」）の映像・配布資料参照
https://www.chuo-u.ac.jp/aboutus/efforts/diversity/activity/lecture/llan/

協力企業

アクセンチュア株式会社 ／ ジョンソン・エンド・ジョンソン日本法人グループ
／ 株式会社セブン‐イレブン・ジャパン ／
株式会社セブン＆アイ・ホールディングス ／ 株式会社チェリオコーポレーション
／ 日本たばこ産業株式会社 ／ 東日本電信電話株式会社
／ 株式会社プラップジャパン ／ 株式会社ペンシル ／
モルガン・スタンレー ／ 株式会社リクルート ほか（順不同）

鶴見 晃二（つるみ こうじ）

弁護士、米国ニューヨーク州弁護士。ジョンソン・エンド・ジョンソン株式会社代表取締役ヴァイスプレジデント、同社Open & Out Japan（LGBT従業員リソースグループ）エグゼクティブ・スポンサー。慶應義塾大学卒業、米国シカゴ大学ロースクール法学修士。

▶ 執筆 … 第１章p32-39、第３章p144-149、p150-155、p157-159

輪千 浩平（わち こうへい）

弁護士。森・濱田松本法律事務所。東京大学法学部卒業。東京大学大学院法学政治学研究科中退。

▶ 執筆 … 第１章p25-31、P40-49

● Allies Connect（アライズ コネクト）

社会×企業×アカデミックのアライをつなげ、LGBT支援施策への提言と、アライを増やす取り組みを行う団体。企業や政府、自治体、NPO団体への提言、研修、講演を行う。

東　由紀（ひがし ゆき）

Allies Connect代表。米国ニューヨーク州立大学卒業、中央大学戦略経営修士。企業の人事部門で人材育成、ダイバーシティ&インクルージョンの推進に取り組む傍ら、2010年から「アライ」として活動する。2018年にAllies Connectを設立。

▶ 執筆 … 第２章

● ReBit（リビット）

LGBTを含めた全ての子どもが、ありのままの自分で大人になれる社会を目指す認定NPO法人。キャリア支援、企業や教育現場等への研修提供等を行う。

薬師 実伽（やくし みか）

認定NPO法人ReBit代表理事。キャリアカウンセラー。早稲田大学教育学研究科卒。大学在学時にReBitの前身となる学生団体を立ち上げ、2014年にNPO法人ReBitを設立。

▶ 執筆 … 第３章p132-143、p148-149、p162

執筆者一覧

LGBTとアライのための法律家ネットワーク（LLAN）

実務法律家としての経験と知識を活かして、法制度の調査研究、法律上の論点に係る提言などを通じて、LGBTその他のセクシュアル・マイノリティに関する理解そして対話を促進し、性的指向や性自認を理由とする差別を解消するための法的支援等を行う。

藤田 直介（ふじた なおすけ）

弁護士。LGBTとアライのための法律家ネットワーク共同代表及び共同創設者。早稲田大学法学部卒業、米国ミシガン大学ロースクール法学修士。ゴールドマン・サックス証券株式会社法務部部長、同社LGBTネットワーク・アライ。2017年6月LGBTとアライのための法律家ネットワークの活動に関連して英国フィナンシャル・タイムズ 企業の法務部門に関する「最も革新的な法務責任者」部門を受賞。

▶ 執筆 … 第１章p16-24、第３章p120-131、p155-157、p186-198

安倍 嘉一（あべ よしかず）

弁護士。森・濱田松本法律事務所。東京大学法学部卒業。第一東京弁護士会人権擁護委員会LGBT部会副部会長。同会労働法制委員会外国法部会副部会長。経営法曹会議会員。LAWASIA Young Lawyers Committee 委員長。

▶ 執筆 … 第１章p57-62、第３章p162-185

石橋 達成（いしばし たつなり）

弁護士。東京経済綜合法律事務所。東京大学法学部卒業。トヨタ自動車株式会社海外企画部勤務を経て、平成10年４月弁護士登録（50期）。現在、第一東京弁護士会司法研究委員会LGBT部会部会長のほか、委員会多数。平成26年４月～平成26年４月まで最高裁判所司法研修所教官（刑事弁護）。LGBT支援法律家ネットワークのメンバー。

▶ 執筆 … 第３章p186-198

稲場 弘樹（いなば ひろき）

LGBTとアライのための法律家ネットワーク理事。京都大学法学部卒業、米国ニューヨーク大学ロースクール法学修士。ゴールドマン・サックス証券株式会社シニア・カウンセル、ヴァイス・プレジデント。同社LGBTネットワーク共同代表。

▶ 執筆 … 第３章p160-161

小林 祐也（こばやし ゆうや）

弁護士。ミネベアミツミ株式会社法務部。同社にてダイバーシティ＆インクリュージョンプロジェクトを推進。北海学園大学法科大学院修了。

▶ 執筆 … 第１章p50-56

法律家が教える
LGBTフレンドリーな職場づくりガイド

令和 元 年 12 月 27日　第 1 刷発行

著　　者　LGBTとアライのための法律家ネットワーク(LLAN)
発 行 者　東島俊一
発 行 所　株式会社 法 研

〒104-8104　東京都中央区銀座1-10-1
電話　03-3562-3611(代表)
http://www.sociohealth.co.jp

印刷・製本　研友社印刷株式会社　0101

SOCIO HEALTH

小社は㈱法研を核に「SOCIO HEALTH GROUP」を構成し、相互のネットワークにより"社会保障及び健康に関する情報の社会的価値創造"を事業領域としています。その一環としての小社の出版事業にご注目ください。

© Lawyers for LGBT & Allies Network 2019 printed in Japan
ISBN978-4-86513-608-1 C0077　定価はカバーに表示してあります。
乱丁本・落丁本は小社出版事業課あてにお送りください。
送料小社負担にてお取り替えいたします。

JCOPY〈(社) 出版者著作権管理機構 委託出版物〉
本書の無断複製は著作権法上での例外を除き禁じられています。複製される場合は、そのつど事前に、(社) 出版者著作権管理機構 (電話03-3513-6969、FAX 03-3513-6979、e-mail: info@jcopy.or.jp) の許諾を得てください。